江苏高校哲学社会科学研究重大项目“习近平新时代铸牢中华民族共同意识研究”（2021SJZDA006）阶段性成果
江苏高校哲学社会科学重点研究基地：新时代“三农”问题研究中心（2018ZDJD-A018）阶段性成果
江苏大学专著出版基金资助出版

长三角聚居性少数民族农村社区参与式治理研究

张慧卿 著

江苏大学出版社
JIANGSU UNIVERSITY PRESS
镇 江

图书在版编目(CIP)数据

长三角聚居性少数民族农村社区参与式治理研究 / 张慧卿著. — 镇江 : 江苏大学出版社, 2022.10
ISBN 978-7-5684-1843-0

Ⅰ. ①长… Ⅱ. ①张… Ⅲ. ①长江三角洲—农村社区—社区管理—研究 Ⅳ. ①D669.3

中国版本图书馆 CIP 数据核字(2022)第 175155 号

长三角聚居性少数民族农村社区参与式治理研究

著　　者/张慧卿
责任编辑/李经晶
出版发行/江苏大学出版社
地　　址/江苏省镇江市京口区学府路 301 号(邮编: 212013)
电　　话/0511-84446464(传真)
网　　址/http://press.ujs.edu.cn
排　　版/镇江市江东印刷有限责任公司
印　　刷/江苏凤凰数码印务有限公司
开　　本/890 mm×1 240mm　1/32
印　　张/5.625
字　　数/200 千字
版　　次/2022 年 10 月第 1 版
印　　次/2022 年 10 月第 1 次印刷
书　　号/ISBN 978-7-5684-1843-0
定　　价/40.00 元

如有印装质量问题请与本社营销部联系(电话:0511-84440882)

目　录

第一章　导论

第一节　问题的提出与研究意义

中国作为一个农业大国,“三农”问题关系国计民生。改革开放以来,在 1982—1986 年和 2004—2021 年,中共中央先后发布了 23 份聚焦“三农”问题的一号文件,这些文件包含了大量的利农、惠农政策和信息,十九大提出的“乡村振兴战略”将对“三农”问题的重视程度提升到了前所未有的高度。

早在 2013 年,习近平总书记就指出:“农村是我国传统文明的发源地,乡土文化的根不能断,农村不能成为荒芜的农村、留守的农村、记忆中的故园。”[①]2015 年 1 月,习近平总书记在云南调研时明确强调:“新农村建设一定要走符合农村实际的路子,遵循乡村自身发展规律,充分体现农村特点,注意乡土味道,保留乡村风貌,留得住青山绿水,记得住乡愁。”[②]这些论述都体现了习近平总书记“振兴乡村”的愿望,十九大报告明确提出“乡村振兴战略”。十九大报告指出:“中国特色社会主义进入新时代,我国社会主要矛盾已经转化为人民日益增长的美好生活需要和不平衡不充分的发展之间的矛盾。”[③]不平衡不充分发展的矛盾体现在很多方面,其中城

---

① 中共中央党史和文献研究院编《习近平关于“三农”工作论述摘编》,中央文献出版社,2019,第 121 页。

② 习近平:《在云南考察工作时的讲话》,《人民日报》2015 年 1 月 22 日,第 1 版。

③ 习近平:《决胜全面建成小康社会,夺取新时代中国特色社会主义伟大胜利——在中国共产党第十九次全国代表大会上的报告》,人民出版社,2017,第 11 页。

乡发展不平衡、农村发展不充分，是阻碍农民实现对美好生活向往的主要制约因素。乡村振兴能够促进城乡平衡发展、农村充分发展，是解决新时代社会主要矛盾的伟大创举。“乡村振兴战略”提出了“产业兴旺、生态宜居、乡风文明、治理有效、生活富裕”[①]的“五位一体”总要求，五者相辅相成，缺一不可。“社区”是政府、党服务群众的“最后一公里”，社区治理是否有效，关系到能否走好这“最后一公里”，关系到乡村能否实现全面振兴。当前有不少地方包括东部经济发达地区的村庄，表面看起来繁荣富庶，别墅错落有致、交通便利、人居环境优美，但事实上这些村庄不少成了“空心村”，青壮年劳动力大多外出打工，大量空巢老人老无所依、留守儿童亲情缺失，这类乡村的“繁荣”背后隐藏着不可持续发展的危机，“回不去的乡村、进不去的城市”成为不少农民无奈的哀叹。有效的农村社区治理对促进农村一、二、三产业融合发展，进而实现“产业兴旺”；对改善“脏乱差”现象，形成村容整洁的生态宜居环境；对“尊老爱幼、诚信友善、敬业守法”等良好乡村风气的重塑；对在此基础上实现“宜居、宜业、宜游”的目标，都起着重要的作用。参与式治理有助于实现有效的农村社区治理，进而推动乡村振兴目标的实现，这也是本书的最终价值所在。

本书的理论意义在于：从长三角聚居性少数民族农村社区参与式治理入手，拓展少数民族农村社区研究的视角，扩展研究对象，丰富民族学、民族政治学、民族社会学研究。现实意义在于：在深入了解长三角聚居性少数民族农村社区治理状况的基础上，为推进长三角聚居性少数民族农村社区民主化建设、促进其善治，平衡文化多样性与实现现代化提供现实依据，并为我国其他民族地区的农村社区治理提供经验借鉴及启示。

本书涉及“长三角”“聚居性少数民族农村社区”“农村社区治理”“参与式治理”等概念，对这些概念的界定是理解本书研究内容的基础；而对研究现状的把握，是理解本书研究意义的前提；研究

① 习近平：《决胜全面建成小康社会，夺取新时代中国特色社会主义伟大胜利——在中国共产党第十九次全国代表大会上的报告》，人民出版社，2017，第32页。

思路与主要内容则是对本书整体的认识。

第二节 核心概念

社会科学中的很多概念受到时代、语境等因素的影响,很难达成完全一致的理解。一些概念的演变,比如"公民身份""经济""政治""自由""正义",还有本书所涉及的核心词汇"治理"等,反映出社会的变迁以及不同文化的交流、碰撞与交融。尽管很难达成完全一致的理解,但还是应有相对一致的共识,否则我们对社会生活的认识就会陷入混乱。

一、长三角

长江三角洲简称长三角。《国家发展改革委关于印发长江三角洲地区区域规划的通知》(2010 年)指出:"本规划的范围包括上海市、江苏省和浙江省,区域面积 21.07 万平方公里。规划以上海市和江苏省的南京、苏州、无锡、常州、镇江、扬州、泰州、南通,浙江省的杭州、宁波、湖州、嘉兴、绍兴、舟山、台州 16 个城市为核心区,统筹两省一市发展,辐射泛长三角地区。规划期为 2009—2015 年,展望到 2020 年。"①2016 年 5 月国务院通过的《长江三角洲城市群发展规划》中指出,长三角城市群"规划范围包括:上海市,江苏省的南京、无锡、常州、苏州、南通、盐城、扬州、镇江、泰州,浙江省的杭州、宁波、嘉兴、湖州、绍兴、金华、舟山、台州,安徽省的合肥、芜湖、马鞍山、铜陵、安庆、滁州、池州、宣城等 26 市"②,将长三角范围扩展至安徽部分地区。

本书所指的长三角地区与上述规划中的区域有交集,但不完全相同,是指人们传统意义上理解的上海、浙江、江苏一市两省,包括 2010 年的规划中所提到的核心区及其辐射的丽水市、衢州市等

① 国家发展改革委:《长江三角洲地区区域规划》(发改地区〔2010〕1243 号),2010 年 6 月 7 日。

② 国家发展改革委、住房和城乡建设部:《长江三角洲城市群发展规划》(发改规划〔2016〕1176 号),2016 年 6 月 1 日。

地区。之所以没有选择浙江省的核心区，而选择丽水市、衢州市的农村社区作为研究对象，是因为畲族绝大部分居住在浙西南，此地能够代表畲族的民族文化特性和经济发展水平，而且丽水市还有着我国唯一的畲族自治县——景宁县，景宁县部分农村社区的治理经验体现了畲族的现代化转型历程，能够比较充分地反映少数民族的基层治理体系和治理能力现代化的实践。上海市的少数民族主要集中在城区，没有聚居性的少数民族农村社区，因此个案分析中没有涉及上海市。

二、聚居性少数民族农村社区

聚居性少数民族农村社区，是指少数民族人口占全村总人口在30%左右的村。从实践情况来看，我国的少数民族农村社区与民族行政村的范围基本上是一致的。民族村为中华人民共和国农村基层行政区划单位之一，是指少数民族分布比较集中的村级行政区划单位。设置民族村的条件由省级地方政府规定，县级地方政府批准设立。各省级行政区规定不尽相同。如《浙江省少数民族权益保障条例》第九条规定："少数民族人口占全村总人口百分之三十以上的村，可以经村民会议讨论通过，并经所在乡（镇）人民政府同意后，报县（市、区）人民政府认定为民族村，并报省、市民族事务行政主管部门备案。"在具体实践中，有一些少数民族人口比例接近30%的村也被认定为民族村。因此，我们的研究对象主要是指少数民族人口占全村总人口的比例在30%左右的民族村。

三、社区、农村社区、农村社区治理

作为一种社会生活共同体，社区的存在历史悠久，源远流长。但作为学术研究对象，"社区"一词公认是由斐迪南·滕尼斯于1887年提出的。滕尼斯最早提出"共同体"与"社区"（community）的概念，他认为社区指基于血缘关系或自然情感的社会有机体。这一定义强调了归属感，而不是地域。从此，社区研究受到人们的重视。滕尼斯认为农村是社区或共同体的代表，大城市是社会（society）的代表。二者是相互对立的。项继权把滕尼斯关于社区的论述解释为："在他看来，农村社区是一种具有较强认同的共同体;社区是指农村社区,而非存在于大城市(他认为小城市还保存共同体的特征);社区与社会有别,组织机理不同;农村社区是自然形成的,而非建构的;农村社区认同是历史传统习俗形成的;农村社区具有封闭性和相对稳定性。"[①]20 世纪 30 年代,社区研究传入中国,1933 年费孝通等将"community"译为"社区",与"society"区别开来。他认为:"以全盘社会结构的格式作为研究对象,这对象并不能是概然性的,必须是具体的社区,因为联系着各个社会制度的是人们的生活,人们的生活有空间的坐落,这就是社区。"[②]由此可见,费孝通并没有将社会与社区完全对立起来,而是视为包含与被包含的关系,社区是社会的载体,通过社区可以了解社会。

项继权归纳了人们对社区,尤其是对农村社区的理解,认为,当前关于社区,主要有以下几种解释:其一,将社区理解为生活共同体;其二,将社区理解为一种交易圈或经济生活区;其三,将社区理解为一种关系圈或社会生活区;其四,将社区理解为一种公务圈或管理与服务区。进而归纳出人们对社区的理解有三种倾向:有的强调社区的情感性,将社区视为一种精神共同体,社区成员必须具有共同的传统价值观等;有的强调社区的地域性,将社区视为一种地域共同体,社区是一个地区内共同生活的人群;有的则强调社区的制度性,将社区视为一种组织共同体,社区具有维系自身的组织与制度。在现代社会中,人们对社区的理解要比滕尼斯宽泛得多。社区不仅存在于乡村,也存在于城市,有多种类型;社区不仅基于单纯的传统习俗,也有契约和法律;社区不再是自然而然形成的,也可以是有意识地规划和建构的结果;社区不再是静止、封闭的,也是流动与开放的;社区与社会不再是对立的,而是社会的一部分[③]。在此基础上,他概括出一个社区应至少包括"一定的地域""共同的纽带""社会交往""认同意识"等要素。项继权认为:"农村社区是指基于特定地域范围的拥有共同利益需求和交往行为并

① 项继权等:《中国农村社区建设研究》,经济科学出版社,2016,第 6 页。

② 费孝通:《乡土中国 生育制度》,北京大学出版社,1998,第 91、92 页。

③ 同①,第 8-9 页。

由政府主导组建的社会生活共同体。”①

郑杭生对社区的定义为:“社区是进行一定的社会活动,具有某种互动关系和共同文化维系力的人类群体及其活动区域。”②社区占有一定地域,是社会空间与地理空间的结合;社区离不开人,人的因素包括人口数量、素质、迁移流动等;社会心理因素是理解社区的重要方面,包括社区归属感、民俗等;人们的各种社会活动及其互动关系是社区的核心内容。社区按地域空间特征可分为以下3类:法定的社区,即地方行政区;自然的社区,即人类在生产中自然形成的聚落;专能的社区,即人们因从事专门活动而形成的聚集区。他对农村社区进行了如下分析:“以农业生产为基础的规模较小、社会结构比较简单、人口密度较低的地域性生活共同体是随着农业的形成而产生发展的,是社会发展到一定阶段的产物。”③农村社区可以划分为散村、集村、集镇;典型的传统中国农村社区人口规模小、密度低,同质性强,较少流动,封闭性强。农村社区以农业生产为主要的经济活动;社会关系则体现为血缘、地缘关系浓厚,具有较强的社区意识与社区归属感;社会结构简单、同质性强,社会整合程度高。

随着人民公社从公众视野中淡出,家庭联产承包责任制被农民广泛接受和践行,农民对村民自治不断探索,“农村社区治理”的思想逐渐成为共识。中国共产党和中央人民政府在城乡规划建设中将社区视为一种社会生活共同体,我国对社区的关注始于城市社区,“社区建设”的主张最早出现在1991年,由民政部提出。2000年,《民政部关于在全国推进城市社区建设的意见》对社区进行了界定:“社区是指聚居在一定地域范围内的人们所组成的社会

① 项继权:《论我国农村社区的范围与边界》,《中共福建省委党校学报》,2009年第7期。

② 郑杭生主编《社会学概论新修》,中国人民大学出版社,2013,第232页。

③ 同②,第237页。

生活共同体。”①自1991年开始，经过15年的城市社区建设探索，2006年，“农村社区建设”被提上议事日程，2006年中国共产党第十六届中央委员会第六次全体会议通过了《中共中央关于构建社会主义和谐社会若干重大问题的决定》，明确提出“积极推进农村社区建设”的要求，这一要求标志着农村社区治理模式转变的开始，即由原来的村民自治逐步转变为社区治理。2015年，中共中央办公厅、国务院办公厅印发《关于深入推进农村社区建设试点工作的指导意见》（中办发〔2015〕30号），明确了农村社区建设的范围，并强调农村社区建设与村民自治机制不矛盾。目前，我国实际工作中所说的“农村社区”一般指村民委员会辖区，即村民委员会辖区内的所有人口、群体、组织、生产生活资料、文化、自然等要素构成的社会生活共同体。

学界对农村社区治理的研究，始于1998年徐勇教授对这一概念的提出，这一概念提出后的二十多年以来，学界对农村社区治理的研究取得了很多成果。从当前的研究情况来看，学界对“农村治理”“乡村治理”“农村社区治理”并没有进行严格的区分。其中，关于“农村治理”的界定有：郭正林提出，“乡村治理，就是性质不同的各种组织，包括乡镇的党委政府、‘七站八所’、扶贫队、工青妇等政府及其附属机构，村里的党支部、村委会、团支部、妇女会各种协会等村级组织，民间的红白理事会、慈善救济会、宗亲会等民间团体及组织，通过一定的制度机制共同把乡下的事务管理好”②；贺雪峰认为，“乡村治理是指如何对中国的乡村进行管理，或中国乡村如何自主管理，从而实现乡村社会的有序发展”③；殷琼等认为，“农村社区治理指基于村民自治的社区治理理念，在自然村或行政村范围内展开的以解决本村公共事务为基本任务，以完善社区服务

① 中共中央办公厅、国务院办公厅：《民政部关于在全国推进城市社区建设的意见》（中办发〔2000〕23号），2000年11月3日。

② 郭正林：《乡村治理及其制度绩效评估：学理性案例分析》，《华中师范大学学报（人文社会科学版）》2004年第4期。

③ 贺雪峰：《乡村治理研究的三大主题》，《社会科学战线》2005年第1期。

为目标的治理模式和实践"[①];李国青、续慧杰认为,"农村社区治理是指在农村社区范围内,在党的领导下,政府负责下,由社区组织、村民及社会各方面力量共同参与农村社区公共事务管理的过程"[②]。由此可见,随着乡村治理概念的提出与发展,越来越多的学科相继被纳入其研究范围之内,研究深度不断拓展,但在对治理主体的认识上,各方是有差异的。从近年的发展现状来看,农村社区治理主体多元化已逐渐成为共识。

从实践的角度来看,早在2016年"两会"期间,习近平在参加上海代表团审议活动时就指出:"基层是一切工作的落脚点,社会治理的重心必须落实到城乡、社区。"[③]

《中共中央　国务院关于加强和完善城乡社区治理的意见》指出,关于社区治理,其基本要义是指:"在城乡社区范围内,各类组织依据相关法律法规和社会规范,分工协作地调节社区居民的公共行为和公共事务、有序解决社区居民的合理需求、促进社区和谐有序的活动过程和活动总和。"[④]理解社区治理的涵义,需要把握以下要点:一是关于社区治理的主体。二是关于社区治理的手段。治理手段具有多样性,主要强调"三结合",即法治和德治相结合、政府治理和居民自治相结合、服务和管理相结合。三是关于客体。主要是要处理好社区居民的公共行为和公共事务,不断满足社区居民的合理需求,形成社区和谐有序、绿色文明、创新包容、共建共享的局面。

十九大报告明确提出"乡村振兴战略",《乡村振兴战略规划(2018—2022年)》指出,"健全现代乡村治理体系是指:把夯实基层基础作为固本之策,建立健全党委领导、政府负责、社会协同、公

① 殷琼、陈岚:《近年来农村社区治理的实践困境初探——基于社区结构视角的分析》,《新疆大学学报(哲学·人文社会科学版)》2011年第6期。

② 李国青、续慧杰:《中国农村社区治理报告(2018)》,中国社会出版社,2018,第3页。

③ 杜尚泽:《习近平:社会治理的中心必须落到城乡、社区》,2016年3月5日,据人民网:http://politics.people.com.cn/n1/2016/0305/c1024-28174494.html。

④ 民政部编写组:《〈中共中央　国务院关于加强和完善城乡社区治理的意见〉辅导读本》,人民出版社,2017,第50页。

众参与、法治保障的现代乡村社会治理体制，推动乡村组织振兴，打造充满活力、和谐有序的善治乡村”①。

结合各学者和中央政策及其解释，本书认为：农村社区治理是指农村社区多元主体在党的领导下，共同参与公共事务治理、公共产品供给的过程。其目的是创建共建、共治、共享的现代治理体系。

四、参与式治理

参与式治理建立在“治理”理论和“协商民主”理论基础上。要想搞清楚参与式治理的涵义，首先必须弄明白“治理”和“协商民主”的内涵。

（一）治理

当前，“治理”一词被广泛运用于政治、经济、文化、社会、生态等领域及社区、地方、国家、全球等不同层面。对“治理”的理解，同“民主”一样，仍然没有形成共识。

从词源来看，“‘治理’源于古典拉丁文和古希腊语中的‘掌舵’一词，原意是控制、引导和操纵的行动或方式，主要用于与国家公共事务相关的宪法或法律的执行问题，或指管理利害关系不同的多种特定机构或行业”②。

治理一词在社会科学中引起广泛注意始于世界银行 1989 年发布的报告《撒哈拉以南非洲：从危机到可持续增长》，这一报告把非洲问题的根源归结为“治理”危机。在世界银行的报告中，治理是指“使用政治权力管理国家事务”。

西方关于“治理”比较有影响力的定义有以下几种。

罗西瑙：“治理是只有被多数人接受（或者至少被它所影响的那些最有权势的人接受）才会生效的规则体系；然而政府的政策即使受到普遍的反对，仍然能够付诸实施。”“因此，没有政府的治理是可能的，即我们可以设想这样一种规章机制：尽管它们未被赋予正式的权力，但在其活动领域内也能够有效地发挥功能。”罗西瑙

① 《乡村振兴战略规划（2018—2022 年）》，人民出版社，2018，第 67 页。

② 吴志成：《西方治理理论述评》，《教育与研究》2004 年第 6 期。

提出了“没有政府的治理”的可能性①。

全球治理委员会对治理的界定具有代表性和权威性。该委员会在1995年发布的《我们的全球伙伴关系》中认为:治理是各种公共的或私人的个人和机构管理其共同事务的诸多方式的总和,是使相互冲突的或不同的利益得以调和并且采取联合行动的持续的过程。它既包括有权迫使人们服从的正式制度和规则,也包括各种人们同意或认为符合其利益的非正式的制度安排。在世界范围内,一些非政府组织、群众运动、跨国公司和统一的资本市场的种种活动都属于治理的范畴②。它具有四个方面的特征:治理具有过程性;治理过程的基础是协调;治理涉及公共部门和私人部门;治理意味着互动,而且这种互动具有持续性。

俞可平总结了西方关于治理的定义,认为治理一词的基本涵义是指:“官方的或民间的公共管理组织在一个既定的范围内运用公共权威维持秩序,满足公众的需要。治理的目的是在各种不同的制度关系中运用权力去引导、控制和规范公民的各种活动,来最大限度地增进公共利益。所以,治理是一种公共管理活动和公共管理过程,它包括必要的公共权威、管理规则、治理机制和治理方式。”③

治理与统治至少有以下三个方面的区别。首先,治理与统治最基本的,甚至可以说本质的区别就是:治理和统治一样,离不开权威,但权威来源不同。统治的权威来源于政府,主要是来源于政府的法规命令,或者长官意志;治理的权威可以来源于政府,也可以不来源于政府,主要取决于公民是否信任,是否能够形成共识;而统治的权威基础一定是政府。其次,权力运作的方向不同,统治

① 詹姆斯·N.罗西瑙:《没有政府的治理》,张胜军、刘小林等译,江西人民出版社,2001,第5页。

② Commission on Global Governance,“Our Global Neighbourhood, the Report of the Commission on Global Governance,”载彼埃尔·德·塞纳克伦斯,冯炳昆译《治理与国际调节机制的危机》,《国际社会科学杂志》1999年第1期。

③ 俞可平:《论国家治理现代化》,社会科学文献出版社,2014,第21页。

是自上而下的，治理则是自上而下和自下而上相结合的。再次，适用范围不同。政府统治的范围是民族国家，而治理可以超越国界，全球治理于是应运而生。

治理的目的是克服政府和市场失灵，但治理本身也有可能失灵。为此，俞可平指出“善治”的目标，并总结出善治的十个要素，分别为合法性、法治、透明性、责任性、回应、有效性、参与、稳定性、廉洁、公正。

当前，在国内学术界，俞可平的观点比较具有代表性和权威性，本书也比较认同俞可平先生的观点。

（二）协商民主

党的十七大报告指出：“扩大人民民主，保证人民当家作主。人民当家作主是社会主义民主政治的本质和核心。要健全民主制度，丰富民主形式，拓宽民主渠道，依法实行民主选举、民主决策、民主管理、民主监督，保障人民的知情权、参与权、表达权、监督权。”①党的十八大报告前所未有地重视协商民主的发展，提出“要健全社会主义协商民主制度。……完善协商民主制度和工作机制，推进协商民主广泛、多层、制度化发展”②。十九大报告中指出：“发挥社会主义协商民主重要作用。有事好商量，众人的事情由众人商量，是人民民主的真谛。协商民主是实现党的领导的重要方式，是我国社会主义民主政治的特有形式和独特优势。要推动协商民主广泛、多层、制度化发展，统筹推进政党协商、人大协商、政府协商、政协协商、人民团体协商、基层协商以及社会组织协商。加强协商民主制度建设，形成完整的制度程序和参与实践，保证人

---

①　胡锦涛：《高举中国特色社会主义伟大旗帜，为夺取全面建设小康社会新胜利而奋斗——在中国共产党第十七次全国代表大会上的报告》，人民出版社，2007，第29页。

②　胡锦涛：《坚定不移沿着中国特色社会主义道路前进　为全面建成小康社会而奋斗——在中国共产党第十八次全国代表大会上的报告》，人民出版社，2012，第26页。

民在日常政治生活中有广泛持续深入参与的权利。"①从党中央关于政治建设的报告中可以看出我党对协商民主、人民参与的重视。

人民代表大会制度是我国的根本政治制度，是人民当家作主权利得以实现的根本制度保障。在坚持人民代表大会制度的同时，注重公共政治生活、公共社会生活、基层治理中普通民众的参与，可以进一步保障人民民主权利的实现，从而优化民主政治生态。

参与式治理理论是在治理理论和协商民主理论的基础上发展起来的，是各利益相关者对公共生活的参与，其特点是"赋权、参与、协作、网络"②。

第三节 研究现状述评

参与式治理最早是从西方国家兴起的，近些年在国内逐步受到重视。

一、参与式治理理论与实践层面的研究

（一）理论层面的研究

从国外来看，关于参与式治理理论的经典著作主要有格瑞特和古彼普主编的《参与式治理：政治和社会启示》，海奈特等主编的《可持续性、创新和参与式治理》《多层次的参与式治理》，冯和赖特著的《深化民主：赋权参与式治理中的制度创新》③，等等。

佩特曼和海奈特认为参与式治理是赋权的过程，即赋权给利益相关者，使其参与到公共政策的决策和执行中来。冯和赖特认为参与式治理是政府开放的制度安排。学者约翰娜·斯皮尔

① 习近平：《决胜全面建成小康社会，夺取新时代中国特色社会主义伟大胜利——在中国共产党第十九次全国代表大会上的报告》，人民出版社，2017，第37、38页。

② 赵光勇：《治理转型、政府创新与参与式治理——基于杭州个案的研究》，博士学位论文，浙江大学，2010，第54-56页。

③ 陈剩勇、赵光勇：《"参与式治理"研究述评》，《教学与研究》2009年第8期。

(Johanna Speer)通过研究国外大量参与式治理研究文献,从4个维度将之概述为:(1)作为去集权化的参与式治理,它是去除精英控制和代理型政策制定的一种方式;(2)作为协商民主的参与式治理,它是通过民主协商方式促进政治民主化的一种途径;(3)作为赋权的参与式治理,它是弱势群体冲破现存政治权力结构的一种改革;(4)作为自主治理的参与式治理,它是鼓励公民集体行动的一种选择①。

斯托克提出了CLEAR模型,该模型指出影响公民参与治理的因素主要包括五个方面,即能够做(can do)、自愿做(like to)、使能够做(enabled to)、被邀请做(ask to)和作为回应去做(responded to)②。与斯托克的CLEAR模型相似,唐有财、王天夫认为影响社区参与式治理效果的因素有社区认同、骨干动员、组织赋权,并结合湖南街道弄管会的实践,指出"社区认同是社区参与的原动力,骨干动员激发社区参与,组织赋权为社区参与提供组织保障"③。

国内关于参与式治理的研究方兴未艾,但重视程度还不够。"参与式发展"的理念先于"参与式治理"进入中国。20世纪的最后10年,贵州、云南和北京等地的实践者和学者在农村小额贷款、小流域治理、农村医疗、社区发展评估等领域逐步渗入参与式发展的理念。

以参与式治理为主题词的学术论文包括期刊文章和学位论文,2001年只有1篇,至2006年达到11篇,而后增速加快,到2014年达到47篇。这些数据一方面说明参与式治理在中国还属于新生的研究课题,另一方面反映出参与式治理逐渐成为学者们关注

① Johanna Speer, "Participatory Governance Reform: A Good Strategy for Increasing Governance Responsiveness and Public Services," *World Development*, 40, no. 12 (2012): 2379-2398.

② 格里·斯托克:《新地方主义、参与及网络化社区治理》,游洋斌摘译,《国家行政学院学报》2006年第3期。

③ 唐有财、王天夫:《社区认同、骨干动员和组织赋权:社区参与式治理的实现路径》,《中国行政管理》2017年第2期。

的热点①。以参与式治理为主题词,至2018年12月20日,检索出期刊论文有202篇,学位论文有46篇;至2019年9月15日,检索出期刊论文有360篇,学位论文有91篇;至2021年4月3日,检索出期刊论文有476篇,学位论文有128篇。关于参与式治理研究的主要著作有余逊达、赵永茂主编的《参与式地方治理研究》、王敬尧的《参与式治理:中国社区建设实证研究》、赵光勇的《政府改革:制度创新与参与式治理——地方政府治道变革的杭州经验研究》等。由厦门大学陈振明教授和加拿大西安大略大学安德鲁·桑克顿教授联合主编的《地方治理中的公民参与:中国和加拿大比较研究视角》一书,对中国和加拿大城市公共服务中的若干典型领域,包括城市贫困治理、环境治理、保障性住房、城市新移民及其子女教育等的公民参与进行案例研究及比较分析,描述中加两国地方治理中公民参与的现实,分析中加两国地方治理中公民参与的异同点。

国内关于参与式治理的研究主要涉及以下方面:

1. 有关参与式治理的内涵和特征

关于参与式治理的内涵,陈剩勇在分析西方学者论述的基础上提出:“参与式治理是指与政策有利害关系的公民个人、团体和政府一起参与公共决策、分配资源、合作治理的过程。”②张紧跟认为“所谓参与式治理,是指由地方政府培育的旨在通过向普通公民开放公共政策过程以解决实际公共管理问题的制度与过程的总和”③,并认为其是新一轮地方政治创新的趋向。王敬尧则从居民参与的角度来理解参与式治理,认为“社区居民本着公共精神参与社区事务,从而推动社区发展和人的全面发展”④。

① 赵光勇:《参与式治理的实践、影响变量与应用限度》,《甘肃行政学院学报》2015年第2期。

② 陈剩勇、赵光勇:《“参与式治理”研究述评》,《教学与研究》2009年第8期。

③ Archor Fun and Arik Olin Wright, “Deepening Democracy: Institutional Innovations in Empowered Participatory Governance,” 载张紧跟《参与式治理:地方政府治理体系创新的趋向》,《中国人民大学学报》2014年第6期。

④ 王敬尧:《参与式治理:中国社区建设实证研究》,中国社会科学出版社,2006,第13页。

关于参与式治理的特征，当前国内学者主要指出以下 4 个方面：(1) 赋权；(2) 参与；(3) 协作；(4) 网络①。

2. 参与式治理面临的挑战

参与式治理主要面临以下 4 个方面的挑战：其一，如何处理好“政府主导”和“公民参与”之间的关系；其二，如何处理好“专家意见”和“地方性知识”之间的矛盾；其三，如何平衡“外源性”和“内生性”力量之间的关系；其四，如何保证参与式治理的可持续性发展。

还有学者在分析参与式治理构成要件的基础上，指出参与式治理所面临的挑战。参与式治理构成要件：其一，公民社会要件，包括智力资源、财力资源、组织资源；其二，政治经济要件，政治经济要件就是要建立充分的激励机制，以使地方政府愿意与民众共享公共政策议程。这就意味着引入参与式治理能够符合地方政府的利益，能够缓解巨大的社会压力，施政者愿意主动引入参与式治理。张紧跟认为，发展中国家公民社会要件不足，比如组织缺乏、低度教育和高度贫困。在公民社会要件不足的情况下，参与式治理很容易失去其核心价值——公民参与，而为精英所左右。就政治经济要件而言，很多发展中国家的地方政府并不愿意向民众开放公共政策的议程②。

3. 参与式治理的有益启示及化解参与紧张的对策

张紧跟认为参与式治理的有益启示有以下 4 点：“其一，为公民参与诉求提供制度化表达渠道；其二，通过吸纳公民参与诉求，解决社会难题，并促进政府决策的民主化、科学化；其三，培养理性公民，增强治理的合法性；其四，促进政府与公民的良性互动，实现治理的有效性。”③

绕义军提出了化解参与紧张的对策与建议：其一，切实赋权，

---

① 陈剩勇、赵光勇：《“参与式治理”研究述评》，《教学与研究》2009 年第 8 期。

② 张紧跟：《参与式治理：地方政府治理体系创新的趋向》，《中国人民大学学报》2014 年第 6 期。

③ 同②。

明确权利范围；其二，创新制度，增强制度弹性，主要体现为制度的开放性、制度的容纳能力，以及制度的连续重构能力；其三，增强公民教育，提升公民参与能力；其四，健全法制，确保参与常态化①。

（二）实践层面的研究

从实践层面的研究来看，参与式治理主要体现在社区参与式治理、参与式地方治理、参与式环境治理、参与式预算等层面。在广大发展中国家，有不同形式的地方参与式治理机制的试验，如印度和菲律宾的公开听证会、玻利维亚和菲律宾的公民陪审团、巴西等国的参与式预算、玻利维亚等国关于公共服务供给的参与式规划与决策论坛等②。赵光勇也提到，从 20 世纪 90 年代以来，无论是在发达国家还是在发展中国家，参与式治理都取得了很大成效。丹麦的公民会议、美国的邻里治理、巴西的参与式预算、印度的村镇自治以及孟加拉国的公共服务提供改革，在推进民主、改善当地的政治生态以及推进地方发展方面均发挥了积极的作用③。

1. 关于社区参与式治理的研究

社区参与式治理为参与式治理的实践维度之一，其中有代表性的成果主要集中于两方面。其一，国外经验分析。例如对美国咨询委员会、邻里治安委员会、NRP 项目等社区参与式治理经验的分析。其二，国内城市社区参与式治理的实践、特点、问题与对策分析。通过上海、南京、北京、武汉、沈阳、杭州等地方社区建设实证调研，讨论地方治理方式变革与居民参与方式创新的主要内容及二者之间的相关性。在此过程中，体现出参与式治理的特点、社区参与式治理的理念和原则，以及从权威式治理到参与式治理的转型。其三，社区参与式治理的个案分析。例如，对湖南街道弄管

① 绕义军：《现代性、“参与式”治理与中国基层民主政治建设》，《南京社会科学》2013 年第 12 期。

② 张紧跟：《参与式治理：地方政府治理体系创新的趋向》，《中国人民大学学报》2014 年第 6 期。

③ 赵光勇：《参与式治理的实践、影响变量与应用限度》，《甘肃行政学院学报》2015 年第 2 期。

会这一参与式治理典范进行案例分析,指出社区参与式治理的实现路径,即社区认同(社区参与的原动力)、骨干动员(社区参与的激发)、组织赋权(社区参与的保障);分析杭州社区建设中多元参与的模式,并指出当地政府向社会赋权不足和社会积极行动能力不足的问题,并提出解决相应问题的对策。

2. 关于参与式地方治理的研究

参与式地方治理研究主要体现在以下方面:

(1) 对海峡两岸参与式地方治理的研究。2008 年,"海峡两岸参与式地方治理"学术研讨会研讨了有关体制改革、审议式民主、社区治理、网络社会、村民自治、民主恳谈、政策网络等重要的地方治理议题,包括参与式治理与地方政府制度创新、参与式地方治理中的民主与性别议题、社会发展与社区治理、地方经济发展与公共政策议程等。

(2) 杭州参与式地方治理研究。赵光勇对参与式治理理论进行剖析,并在解析杭州地方政府创新"民主促民生"模式的基础上,分析了杭州地方参与式治理的具体实践,包括体现为开放式决策和市民投票的决策参与,以及公众参与城市建设中的协作治理;介绍了杭州参与式地方治理的经验,揭示了其中存在的问题,并提出改进策略,同时对参与式地方治理的前景进行了展望。

(3) 参与式地方治理的路径分析。张紧跟分析了地方反应式治理的弊端,如反应滞后、策略性治理、治标而非治本、行政资源与政府公信力损耗。在此基础上,他指出推进参与式地方治理的路径:第一,通过相关制度建设来强化地方政府发展参与式治理的意愿;第二,提高公众参与地方政府治理过程的意愿和能力①。

(4) 地方公共决策中的参与式治理机制分析。蒋庆荣从改善民众参与的公共决策体系、决策过程的法制化、利用新媒体时代及时传播的特点的角度,对完善地方公共决策中的参与式治理机制进行了分析。

---

① 张紧跟:《从反应式治理到参与式治理:地方政府危机治理转型的趋向》,《中国人民大学学报》2016 年第 5 期。

3. 有关参与式环境治理的研究

当前,环境问题不再仅仅是学术界、环保人士、政府关注的事情,越来越多的公众参与到环境治理中来。

近些年,随着环境日益受到重视,环境政治学、环境社会学等新兴学科日益繁荣,环境治理成为研究的重要主题。从目前的研究情况来看,与参与式环境治理有关的研究主要有以下几个方面:其一,关于公众参与环境治理的研究。其中包括理论基础分析;西方国家公民参与环境治理的经验及启示;我国公众参与环境治理的个案分析,如江苏省水环境治理、云南城市建设项目、厦门 PX 项目等案例中公众参与环境治理的状况;农村环境治理中的公众参与研究。其二,环境治理中的政府作用与政府间关系的研究。其中包括府际合作的逻辑;长三角区域生态治理中政府间的协作;农村环境治理中的政府职能;从风险环境治理的视角揭示府际关系存在的问题,并提出改进措施;对跨区域环境治理与地方政府合作机制的研究;从环境友好型社会构建的视角出发,分析政府在其中的作为;以湘渝黔边区锰三角区域环境治理为例,分析多民族跨区域环境治理之道。其三,非政府环境组织在环境治理中的作用研究。其中包括非政府环保社团参与水环境治理的必要性和可行性;山西环保 NGO(非政府组织)参与环境治理的现状及趋势;当前社会组织参与环境治理面临的挑战与应对思路。其四,关于参与共治和多中心合作生态环境治理的研究。《从地方分治到参与共治》一书论述了中国水环境治理从地方分治到参与共治的过程,指出参与共治强调构建地方政府、市场和社会公众共同参与流域治理的协商合作制度;《走向多中心合作的生态环境治理研究》一书指出,政府应主动寻求企业、非政府组织、公民的支持,与社会各界建立合作型的伙伴机制,结成治理环境公共事务的公共行动网络。其五,关于参与式环境治理的研究。主要包括以下个案分析:以大理洱海为例,分析了参与式水流域治理的必要性及机制,指出自下而上的参与式环境治理需要以项目为契机,以社区为单位,培养项目主要利益相关群体的主体意识和建立社区参与组织;对上海苏州河参与式治理的过程、机制及经验的分析；对苏南参与式环境治理的必要性、经验与启示的研究。

4. 有关农村参与式治理的研究

有关农村参与式治理主要是从必要性、价值、路径、困境和破解等角度进行的研究。

（1）农村参与式治理的必要性。从晓峰、杨汇泉认为当前我国农村社区建设遇到的困境：一是财政短缺背景下的经费投入困境，二是村民参与不足的困境，三是建设主体流失的困境。认为有必要进行“自上而下”与“自下而上”相结合的互动合作的参与式治理①。

（2）农村参与式治理的价值。黄宁莺、从晓峰等国内学者主要从以下几个角度分析了农村参与式治理的价值：第一，从本质性价值和工具性价值两个角度进行分析。本质性价值表现为，且不论参与式治理能否推进善治，参与行为本身就是有意义的。阿玛蒂亚·森在《以自由看待发展》一书中清晰有力地阐述了参与本身即为发展的建构性要素，丰富了发展的过程的理论。从这个角度看，参与公共事务是公民应该拥有且值得珍视的自由之一。工具性价值表现为，参与式治理是形成重要决策的有效工具。在政府预算分配、公共资产管理和社区服务方式等方面实行参与式治理都能达到更好的效果②。第二，从优化社区治理要件的角度进行分析，认为农村参与式治理有利于促进农村社区的内部民主力量建设；有利于增强社区民众的归属感和认同；有利于塑造良性的政府与社区互动关系③。第三，从促进农业技术发展、促进产学研结合的角度进行分析。“科研技术和成果如同温室中的花草，需要经受生产的检验，需要在生产中不断创新和发展，参与式方法是观念上

① 从晓峰、杨汇泉：《参与式治理视角下的农村社区建设路径研究》，《山东社会科学》2013 年第 7 期。

② 黄宁莺、柯毅萍、赵豫生：《参与式治理视角下的乡村网格化服务研究——以福建省长乐市梅花镇为例》，《东南学术》2013 年第 5 期。

③ 同①。

的创新，同时又能促进农业新技术的二次创新和发展。”①

（3）农村参与式治理的方法。尹迪信、余道云、陆裕珍介绍了采用参与式治理方法的措施包括：必须转变观念；合理选择参与式工具，运用参与式的方法；重视“乡土知识”，重视“乡土人才”和“农民专家”；由农民自己决策，比如农民在“杨梅+茶树”与“板栗+茶树”之间选择了前者；争取与政府项目的合作；实施方案中的参与式资源投入；农民主动参与实施②。

（4）基层治理困境及其破解路径。陈丽娟认为，参与式治理视域下基层治理存在以下困境：公民参与积极性欠缺，态度冷漠；政府与公民关系的转换不到位、不及时；公民参与决策权赋予不充分。同时指出基层治理困境的消解路径：第一，转变观念，激发公民公共精神；第二，调整制度，使运行机制常态化、本土化；第三，培育理性，树立理性参与目标和培养理性公民③。

5. 有关参与式预算的研究

1989年，巴西工人党在阿雷格里市开启了城市参与式预算的先河。三十多年来，参与式预算迅速扩展，当前，欧洲、北美、拉丁美洲、亚洲等地区的国家都进行了参与式预算的实践，我国的参与式预算也得到一定程度的发展。

（1）参与式预算的实践和经验。

其一，国外参与式预算的实践和经验。在国别研究中，董石桃比较分析了法国、德国、西班牙、意大利实施的四种参与式预算模式，即民众和市政府共享决策权的法国协商模式、行政部门主导下的德国优化决策模式、西班牙的“联合参与”模式，以及意大利的“调整的阿雷格里模式”④。赵丽江、陆海燕则把欧洲国家的参与式

① 尹迪信、余道云、卢玉珍：《贵州省参与式坡耕地治理项目中农民的主动参与问题》，《林业与社会》2004年第12期。

② 同①。

③ 陈丽娟：《参与式治理视阈下我国基层治理困境探究》，《法制与社会》2017年第8期。

④ 董石桃：《欧洲参与式预算的目标与模式——基于法、德、西、意四国的总体考察》，《党政研究》2016年第5期。

预算概括为:以议会与公民对话为基础的法国经验、基于信息公开的德国经验、公民大会式的意大利经验[①]。陈家刚对阿根廷、加拿大、印度尼西亚、南非共和国、爱尔兰的参与式预算理论和实践进行了比较和分析[②]。朱圣明介绍了巴西阿雷格里港市参与式预算的基本经验,包括基本条件、标准、游戏规则、运作过程。分析参与式预算的欧洲实践,包括以个人参与为基础的塞维利亚模式、公私合作性质的波兰普沃茨克模式、公民陪审团性质的德国规划小组、法国普瓦图——夏朗德地区中学里的参与式预算;还有亚洲国家的参与式预算,包括与政府问责制相联系的印度公民预算组织、联合决策类型的韩国蔚山市东区参与式预算、非营利组织类型的日本千叶县市川市参与式预算、印度尼西亚塔纳达尔的性别预算模式[③]。李一花对美国参与式预算进行了述评,项皓则从赋权与参与的角度分析了纽约市的预算情况。

其二,国内参与式预算的实践和经验。何包钢分析了以下参与式预算:村级直接参与式预算、新河地方人大代表的预算审查、无锡市民的项目选择、上海惠南镇人大代表的项目选择、温岭市的公共交通预算、泽国镇的协商式民意测量[④]。

刘斌认为,参与式预算有以下代表性事件:2004 年,浙江温岭以民主恳谈会为基础发展而来的新河和泽国两个版本的参与式预算实践;2004 年,河南焦作在预算过程中引入了民众和社会组织的参与机制,并对部分部门的预算进行了社会听证;2005 年,哈尔滨市和无锡市开展参与式预算工作,并将此工作迅速扩展到两个城市的多个县区和乡镇; 2008 年,由中国政法大学和中国财政部财

---

① 赵丽江、陆海燕:《参与式预算:当今实现善治的有效工具——欧洲国家参与式预算的经验与启示》,《中国行政管理》2008 年第 10 期。

② 陈家刚:《参与式预算的理论与实践》,《经济社会体制比较(双月刊)》2007 年第 2 期。

③ 朱圣明:《国外参与式预算的实践与探索》,《四川行政学院学报》2014 年第 3 期。

④ 何包钢:《近年中国地方政府参与式预算试验评析》,《贵州社会科学》2011 年第 6 期。

政科学研究院联合组成公共预算改革课题组，在上海市闵行区启动公共预算改革[①]。

（2）参与式预算的其他角度的分析。

学术界从定义、背景、发起和动员、模式、启示和展望等多个角度对参与式预算进行了分析。

其一，有关参与式预算的定义。

林昊总结了国外学者对参与式预算的定义：法国学者伊夫·辛多默、德国学者卡斯滕·赫茨贝格从讨论对象、涉及的政府层面、过程、公共商议及问责等五大构成要素来定义参与式预算[②]。德国政治学家、中国问题研究专家，现任杜伊斯堡-埃森大学政治学研究所所长、东亚研究所所长托马斯·海贝勒将参与式预算定义为“一个群体的成员之间在任何影响社会或其子群的公共事务的决议过程上进行合作”[③]。陈家刚认为参与式预算是一种创新的决策过程，公民直接参与决策，或有助于决定本地区可支配公共资源的最终用处。在决策过程中，通过参与各种会议，公民能够获得分配资源、确定社会政策优先性，以及监督公共支出的机会。在这种直接的、自愿的和普遍参与的民主过程中，人们能够平等讨论和决定公共预算、各项政策，以及政府管理[④]。何包钢从行政角度、政治改革角度、人大体系改革角度对参与式预算进行了分析理解，认为在中国，参与式预算是一种地方民主策略[⑤]。

其二，有关参与式预算背景、发起和动员、资金使用、组织者等方面的研究。

有关参与式预算背景的研究，林昊分析了当前亚欧国家参与

---

① 刘斌：《参与式预算的中国模式研究：实践、经验和思路》，《经济体制改革》2017年第4期。

② 林昊：《亚欧参与式预算研究综述》，《人大研究》2016年第3期。

③ 伊夫·辛多默、鲁道夫·特劳普-梅茨、张俊华：《亚欧参与式预算：民主参与的核心挑战》，上海人民出版社，2012，第123页。

④ 陈家刚：《参与式预算的理论与实践》，《经济社会体制比较》2007年第2期。

⑤ 何包钢：《近年中国地方政府参与式预算试验评析》，《贵州社会科学》2011年第6期。

式治理研究的现状,总结了国外学者对参与式预算背景研究的现状,包括国外学者重视对参与式预算政治法律背景的研究,以及对财政经济背景的研究[①]。

有关参与式预算发起与动员的研究,学者们认为,参与式预算的发起受到国家结构形式的影响。有学者提到民间团体和国际组织的作用。学者们认为参与式预算的动员呈现出多元化的趋势,比如宣传、新技术、互联网在参与式预算动员中的应用。关于参与式预算资金应用范围的研究,有学者关注投资项目,有学者关注投资对象[②]。参与式预算的组织者有国际组织、非政府组织等[③]。

其三,参与式预算经验借鉴和前景分析。

朱圣明指出,我们在比较研究、学习借鉴各国的模式时,尤其要注意各国政治历史、文化传统和财政体制的不同所导致的参与式预算过程的不同,任何一项制度或者程序,只有在与当地的实际结合起来时,才会有持久的生命力[④]。

何包钢分析了问题所在,即要提高参与式预算的质量,参与者必须看得懂财务数据而且具备财政知识。可是,在参与式预算实践中,公民往往看不懂通报材料,讨论不了复杂的财政问题。于是,世界各地的各种参与式预算往往对预算说明材料进行缩写,删去了某些复杂的话题,这种让公民看懂了的要求却为某些官员操控参与式预算本身提供了一个机会。在协商水平和讨论范围之间必须做出权衡。此外,目前参与式预算实践中存在的一个严重问题是时间安排不够。民意压力和利益集团的角力把预算平衡变成了一项艰巨的任务,这是全世界参与式预算普遍遭遇的一个问题。整个参与式预算进程都在行政当局的控制之下,结果是这些试验

---

① 林昊:《亚欧参与式预算研究综述》,《人大研究》2016 年第 3 期。

② 同①。

③ 何包钢:《近年中国地方政府参与式预算试验评析》,《贵州社会科学》2011 年第 6 期。

④ 朱圣明:《国外参与式预算的实践与探索》,《四川行政学院学报》2014 年第 3 期。

并未增强公民社会的力量①。

谭诗赞指出了走向公民主导的决策性协商的路径：其一，要组建具有预算决策权的参与式预算委员会；其二，要构建以纵向的地区和横向的主题为基础的预算协商网络；其三，要基于预算完整的周期统筹规划并扩大参与式预算中各环节的开放程度；其四，要实现公共协商与投票表决两种参与机制在参与式预算中的协同运用②。

刘斌指出参与式预算的发展方向：(1) 注重通过民众参与体现民意；(2) 注重吸收专家意见建议；(3) 注重从最基层开始实现参与；(4) 注重激活并发挥基层人大权力；(5) 注重细化与公开预算信息；(6) 注重财力保障的充足性③。

林昊总结了国外学者对亚欧各国参与式预算的意义作用的研究，指出不同国家和地区参与式预算的作用有所不同。有的学者认为，公民参加参与式预算促进了公民对这一政治参与模式的了解，有助于参与式预算模式的推广。有的学者认为，参与式预算促进了公民对特定利益集团的了解和认可。有的学者认为，参与式预算促进了决策机制的现代化。有的学者认为，参与式预算对消除贫困、促进性别平等具有重要的作用。综上所述，参与式预算体现了公平、效率、民主的价值观，促进了有限经济资源的合理配置，反映了人类对决策机制现代化与分配合理化的追求。借鉴亚欧各国参与式预算的经验和教训，将有助于中国推进自身的财政经济改革。

陈家刚分析了参与式预算取得的 10 个方面的成就，指出这些成绩“都可以从民主政治文化的培养、促进社会公正和行政改革等方面得到解释”；并指出在参与式预算中，也存在一些局限，这些局

① 何包钢：《近年中国地方政府参与式预算试验评析》，《贵州社会科学》2011 年第 6 期。

② 谭诗赞：《协商民主视角下的中国参与式预算实践及其前景展望——基于浙江温岭、河南焦作和云南盐津的比较分析》，《长白学刊》2016 年第 5 期。

③ 刘斌：《参与式预算的中国模式研究：实践、经验和思路》，《经济体制改革》2017 年第 4 期。

限削弱了其在促进社会公正、公共学习和行政改革方面的整体影响。其中包括：第一，过于重视对公共投资项目的关注，削弱了参与式预算过程中公共学习或赋权的影响。第二，参与者对市长办公室的依赖。第三，对中短期公共项目感兴趣，缺乏对长期计划的关注。这就很难使人们参与讨论涉及整个城市未来发展的计划。第四，对地方问题和地方公共政策重视，忽视了地区、国家和全球的问题。第五，由于行政机构的核心作用，参与式预算可能会被操纵。他认为，参与式预算不是万能药，也无法包治百病。有理由相信，参与式预算有能力挑战社会和政治排斥，并促进社会公正，参与式预算是走向更广泛政治包容和更普遍社会公正的重要步骤①。

董石桃认为，参与式预算有利于缓和社会各阶层的冲突；有利于地方政府决策民主化发展；有利于充分回应民众的需要②。

李一花指出了美国参与式预算的启示：明晰公民参与预算的目标；合理选择预算参与的机制；优化公民参与预算的环境；实现预算参与和预算绩效信息的有机整合③。

二、长三角少数民族参与式治理的相关研究

（一）长三角少数民族的研究

其一，有关浙江景宁畲族自治县的研究：主要从民俗学角度进行研究，另外有少量作品涉及旅游发展、经济发展、文化保持与文化变迁。其二，上海民族问题，包括上海市民族关系的变迁、上海多民族社区文化建设的探索、上海对西藏教育事业所做的贡献等。其三，江苏聚居性回族城市社区文化结构变迁，语言选择与文化认同等，如以南京七家湾回族社区、苏州回族为个案进行分析等。其四，东部地区少数民族流动人口研究，包括东部城市流动穆斯林人口的结构特征与就业状况、公共服务状况研究等。

---

① 陈家刚：《参与式预算的理论与实践》，《经济社会体制比较》2007 年第 2 期。

② 董石桃：《欧洲参与式预算的目标与模式——基于法、德、西、意四国的总体考察》，《党政研究》2016 年第 5 期。

③ 李一花：《美国地方政府参与式预算研究述评》，《财经论丛》2013 年第 2 期。

（二）少数民族社区的研究

其一，有关少数民族城市社区的研究，主要集中于民族地区、西北地区，以及北京、广州等大城市中以回族为主的穆斯林社区，部分论文以朝鲜族为研究对象，内容涉及城市少数民族社区的变迁、衰落以及重建、社区改造、文化涵化等。其二，少数民族农村社区的能力建设与制度建设。

（三）少数民族参与式发展治理的研究

少数民族参与式治理研究多与一些发展项目联系在一起。这些发展项目有如下3类：其一，参与式扶贫项目。以甘肃省甘南藏族自治州、广西龙胜龙脊壮寨、四川民族地区、广西三江侗族自治县程阳桥景区为个案，分析参与式扶贫项目的机制、存在的问题，以及可能的路径。其二，妇女能力建设项目。以贵州、云南妇女能力建设项目为例，指出参与式性别分析在少数民族妇女发展项目中的意义，分析了性别差异对当地社区发展的影响。其三，社区参与式发展项目。结合对云南省3个社区参与式发展项目个案的研究，指出参与式发展的3个迷思，即定义狭窄化、赋权肤浅化、性别盲点化。

三、研究现状评析

已有国内外研究成果为本课题的研究奠定了基础，同时显示出其薄弱之处：

（1）从研究视角看，有关参与式治理的研究涉及城市社区治理、地方政府治理、参与式预算、环境治理、农村治理、少数民族治理等层面，其中关于少数民族参与式治理的研究比较少，而且大多与一些发展项目联系在一起，很少有研究专门探讨少数民族社区治理。

（2）从研究内容看，当前有关长三角地区少数民族的研究成果比较零散，且不系统，主要从民俗学、文化变迁、民族关系、经济发展、旅游发展等角度进行研究，较少对聚居性少数民族社区治理进行系统分析和实证研究。

（3）从研究对象看，关于少数民族社区的研究，主要集中于民族地区或西北地区，广州、北京的穆斯林社区研究也比较充分，但长三角地区的研究个案相对较少。有限的个案研究也是关于城市社区的，聚居性少数民族农村社区治理鲜见被纳入研究视野，而在长三角地区，尤其是浙江省的聚居性少数民族社区主要分布在农村。

第四节 研究方法及田野工作概述

一、研究方法

（一）文献研究法

认真研读治理理论、畲族研究、回族研究、集体行动理论、党的建设、社会建设、民主政治建设等与本书课题密切相关的文献，并深入分析、理解习近平总书记关于乡村振兴、“三农”问题的论述，以及专家解读等方面的文献，为课题研究打下坚实的理论基础。

（二）比较分析法

比较分析传统农业型乡村（比如丽水市遂昌县三仁畲族乡好川村等）、城乡一体化乡村（比如常州市武进区雪堰镇城西回民村等）、村改居乡村（比如南京市六合区竹镇镇竹墩社区等），以及不同民族构成的少数民族农村社区（比如纯畲族的景宁县大均乡李宝村与聚居性的大均村、伏叶村、泉坑村）等不同类型的乡村治理环境的差异，比较分析不同类型的治理主体在乡村治理过程中的参与动机、参与程度和参与效果。

（三）深度访谈法

针对乡镇政府、相关职能部门、基层党组织、基层群众性自治组织、普通村民、乡村精英、各社会组织、企业员工等治理主体，设计不同的访谈提纲，对各行为主体在乡村治理过程中的参与动机、参与意识、参与程度进行深度访谈，并有针对性地进行回访。

（四）参与式观察法

利用寒暑假时间，以及小长假、周末时间，深入村民的日常生活，近距离观察其所思所想及其在公共事务治理中的具体表现，在真正参与主体治理的过程中，进一步思考和分析各主体的行为动机与行为表现，并注意主位和客位相结合，以真正做到“深描”，而不是停留于表面现象。

二、田野工作概述

（一）个案选择

回族村落，选择了江苏省南京市六合区竹镇镇竹墩社区、镇江市丹徒区世业镇卫星村、常州市武进区雪堰镇城西回民村。之所以会做出这样的选择，是考虑到它们能够代表不同类型的社区。竹墩社区处于城乡接合处，面临城乡一体化的问题；卫星村外出打工人数较多，一度成为“空心村”；城西回民村则是宜居、宜业、宜游的代表。畲族村落，选择了浙江丽水市景宁县大均乡的大均村、泉坑村、伏叶村，以及作为比较对象的纯畲族村李宝村，因为它们代表了农村休闲旅游业的发展；而遂昌县三仁乡好川村则以农业为主，同时在促进城乡公共文化服务均等化方面具有值得借鉴的经验。另外，城西回民村、卫星村、好川村、伏叶村、李宝村等村庄又是乡村生态文明建设的典范。从所选的这几个村庄中几乎可以看到农村社区治理的方方面面。

（二）田野工作过程

笔者于2011年获得博士学位，研究主题是少数族群权利理论，在撰写博士论文的过程中，萌生了毕业后将所研究理论与现实问题相结合的想法。另外，笔者在1999—2002年攻读硕士学位期间，曾经参与导师有关村民自治的课题，在之后的学习和工作过程中，始终保持着对“三农”问题的关注，并到山西省、海南省多个村庄就村民选举、村务公开等问题进行过实地调研。

博士毕业后，笔者来到江苏大学工作，关注到“长三角地区少数民族”这一容易被忽视的“少数中的少数”群体，阅读了大量的相关文献。2014年申报的“长三角聚居性少数民族社区参与式治理研究”立项后，笔者对镇江市民宗局、南京市六合区民宗局、常州市民宗局等多个职能部门进行了访谈，在对江苏省少数民族农村社区有了充分了解后，选择了南京市六合区竹镇镇竹墩社区、常州市武进区雪堰镇城西回民村、镇江市丹徒区世业镇卫星村进行调研。2014 年 7 月—2015 年 8 月,笔者利用寒暑假、小长假、周末时间对这 3 个田野点在非物质文化遗产的保护与传承、美丽乡村建设、民族特色村寨建设、回民公墓争端、回民公寓兴建与民族生活方式的保持等过程中参与式治理的情况进行了访谈。经过深入分析田野笔记,完成了本书。

在研究江苏省聚居性少数民族农村社区参与式治理问题的同时,笔者在阅读文献的基础上,仔细分析了浙江省畲族农村社区的情况。2016 年 11 月,笔者参加了第二届景宁畲族论坛,向畲族研究专家、学者及地方相关人士进行了咨询,确定以景宁畲族自治县大均乡泉坑村、伏叶村、大均村、李宝村及遂昌县三仁畲族乡好川村为田野调查点。笔者与课题组成员、所带硕士于 2017—2018 年寒暑假对这几个畲族村在农村休闲旅游发展、公共文化服务、民族文化传承、花样村庄建设等过程中的参与式治理情况进行了访谈,并形成了阶段性研究报告。

在撰写课题总报告的过程中,笔者对所选择的田野调查点的相关访谈对象进行了多次电话、QQ、微信回访,及时补充了田野调查点最新的发展情况。

值得一提的是,笔者于 2015—2016 年赴英国伯明翰大学访学,在访学期间参观了不少英国乡村,并就其乡村建设、社区治理状况与当地村民和合作导师进行交流,以拓宽视野。

综上所述,在田野调查方面,本书有如下 3 个特点:一是持续时间比较长;二是涉及不同类型的乡村,个案资料较为丰富;三是立足于长三角地区。基于较为翔实的田野工作,本书对长三角聚居性少数民族农村社区治理进行了较为细致的探讨。

第五节 研究思路与研究内容

一、研究思路

本书的研究思路如图 1-1 所示。

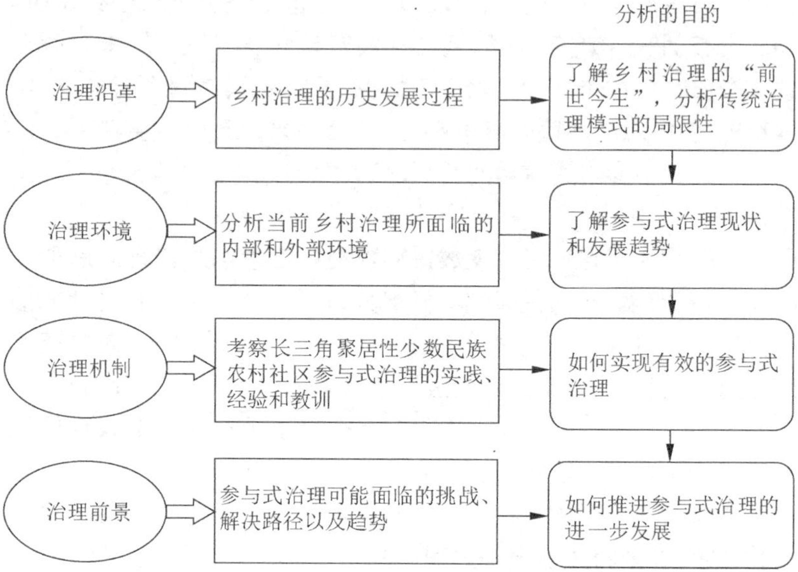

图 1-1　本书研究思路

二、研究内容

本书在介绍乡村治理历史沿革与当前乡村治理环境变化的基础上，通过分析说明参与式治理模式的优势，即借助公共协商机制可以提高村民参与的质量，有利于平衡保持文化多样性与加速现代化、追求绩效与推进民主之间的关系，有利于解决城乡矛盾。因此，应根据乡村社区治理的实际，进一步推广农村社区参与式治理模式。本书具体结构如下：

第一章导论。主要分析本书的研究背景、研究意义；评述国内外研究现状；概述研究方法与田野工作；介绍研究思路与研究内容。

第二章乡村治理的历史演变。分析传统社会的乡村治理模式，中华人民共和国成立后乡村治理的历史沿革（包括乡政权时期、人民公社时期、“乡政村治”时期）、新农村建设时期的共建共治共享，进而认识到传统乡村治理模式的局限性。

第三章乡村治理环境的变化。分析当前乡村经济、政治、社会、文化、生态环境的变化，进而认识到乡村参与式治理的必要性。

第四章长三角聚居性少数民族农村社区参与式治理的浙江实践。以浙江省丽水市景宁畲族自治县大均乡泉坑村、伏叶村、大均村、李宝村为例，分析乡村休闲旅游中的参与式治理的经验及启示；以浙江省丽水市遂昌县三仁畲族乡好川村为例，分析传统农业型少数民族聚居性乡村参与式社区治理的经验及启示。

第五章长三角聚居性少数民族农村社区参与式治理的江苏实践。以常州市武进区雪堰镇城西回民村、镇江市丹徒区世业镇卫星村、南京市六合区竹镇镇竹墩社区为例，分析非物质文化遗产保护与传承、美丽乡村建设、少数民族特色村寨建设等过程中参与式治理的经验及启示。

第六章乡村社区参与式治理的前景。通过分析当前各个层面的治理主体在乡村治理过程中发挥的作用，提出进一步完善参与式治理机制的建议，即“一核多元”机制、“三社联动”机制、协商互动机制，并从治理理念、治理体系、治理平台等方面予以保障。

第二章　乡村治理的历史演变

我国是传统的农业大国，在战国时期进入封建社会。1840 年鸦片战争爆发，我国逐步沦为半殖民地半封建社会，随着社会、经济的变迁，乡村治理体制也经历了演变。大致来看，我国的乡村治理经历了传统社会时期；中华人民共和国成立后的乡村治理时期，包括乡政权阶段、人民公社阶段、“乡政村社”阶段；新农村共建共治共享的社区治理时期。

第一节　传统社会时期

在传统社会时期，有“皇权不下县，县下行自治”的说法，因为传统社会中的宗族、士绅在乡村社会治理中发挥着重要的作用，但并不能因此夸大传统乡村社会的自治程度。事实上，“在传统帝制时期，农村基层社会并不是纯正的国家主导抑或完全乡村社会自治的格局，而是一个由国家和社会共同努力构建的互补性合作治理体系。在传统的帝制时代，存在着各种各样的乡村基层社会组织单位，这些基层社会组织单位实际上正是国家治理基层社会的基础，也是国家为管理基层社会所构建出来的一系列社会组织，其主要功能在于统计人口、缴纳税收及社会自我管理”①。

从古至今，乡村治理都很受重视，中华民族尊崇大一统，“普天之下，莫非王土；率土之滨，莫非王臣”的传统观念深入人心。村落是古代社会组织的基层单元，谁控制了村落，谁就掌握了统治中国

① 项继权等：《中国农村社区建设研究》，经济科学出版社，2016，第 55 页。

的坚实基础。中央集权的封建帝制统治中国数千年，与之相适应，乡里制度和保甲制度等成为封建社会主要的乡村治理制度。“乡里制度萌生于传说中的黄帝时期，滥觞于井田制。至清末依然实行之。保甲制度自宋代王安石变法后断断续续实行，直至新中国成立前的国民党统治时期才结束。”[①]关于乡里制度的产生，也有不同的说法，“乡里制度的萌芽出现于夏商周时期。在西周宗法社会里就曾有过乡、遂制的设计，国都之外的四郊之地称为乡，郊外之地称为遂”[②]。春秋战国时期的各国很大程度上都沿袭了西周的体制，战国时期，诸侯争霸，领土扩张，与之相伴的是先后出现了郡和县，乡发展成为县以下的基层组织。这一时期，“乡里成为基层行政组织，乡里制度已是范型初具。当然，这一时期的乡，既是地方行政组织，又是军队组织，二者互相结合。春秋战国时期，什伍组织也被广泛采用，各国统治者对乡村的控制渐趋严密”[③]。秦朝是乡里制度确立的时期。秦朝建立了中央集权制，其以郡县制为基础，将全国分为36个郡，郡下设县，县下设乡、亭、里，乡立三老、有秩、啬夫、游徼。其中，三老负责教化，有秩、啬夫负责征收赋税和徭役，游徼负责治安。亭有亭长，里有里正。“魏晋和南朝主要沿袭汉制，实行乡、亭、里制，而北朝则仿照《周礼》实行邻、闾、党三长制或者里、党两长制，组织形式上与秦汉没有太大差异，但乡的辖户则明显减少，其地位也有明显下降。”[④]魏晋时期，自然聚落逐渐变为以村为主，但自然聚落的含义与法定乡村组织的含义在这时还没区分开来。到南朝时期，村落逐渐成为主流的聚落形态。唐代实行乡、里、村三级制，以里正为主、村正为辅是唐朝前期县级以下乡村治理体制的主要特征。“唐初开始实施‘村’制度，将郊野聚落统一名为‘村’，以村的地域性特征为前提设置村正。依照律

① 唐鸣、赵鲲鹏、刘志鹏：《中国古代乡村治理的基本模式及其历史变迁》，《江汉论坛》2011年第3期。

② 雷家宏：《中国古代的乡里生活》，商务印书馆，2017，第12页。

③ 同①。

④ 同①。

令规定，村正负有‘检察非违’之责。村正的执掌性质单一，不及里正全面，但实际上村正也参与赋役的征收，是里正的主要辅助者，唐前期县以下基层实施的是‘以里正为主，村正为辅’的管理体制。”①北宋是乡里制度实现重大转折的时期。北宋前期仍然实行乡里制度，后期转向保甲制度。

北宋从王安石变法开始，实行保甲制。“北宋通过明确的分管部门来推行保甲制度，并先后颁布了《畿县保甲条例颁行》《五路义勇保甲敕》《开封府界保甲敕》等法令来规范和保障保甲制度的实施。此外，北宋还出现了两件与乡村治理有极大关系的事情：一是乡约的创建，二是出现了较具规模的社仓，并以保甲法进行管理。”②金代的乡里制度沿袭前代，县承宋代的保甲制、保伍制，后继唐代的乡里制。元代则沿承唐宋的乡里制和金代的社制，尤为重视社制。明代的乡里制度仍以旧制为基础，将每个县的地域空间细分为乡、都、图不同等级，实行里甲制。明清村落的显著特点是宗族与村落的关系密切，有些宗族和村落明显叠加在一起。尤其以福建、广东为代表③。

在传统的乡村治理过程中，乡绅、宗族起着关键的作用。

乡绅在传统社会中，起着“社会调节器”“减压阀”的作用。一方面，乡绅在某种程度上是封建统治秩序的维护者，是主流意识形态的代言人，特别体现在教化方面。自董仲舒提出“罢黜百家、独尊儒术”以来，儒家思想成为封建社会的正统思想，有知识的乡绅，其知识体系便来源于儒家的知识体系。“‘乡绅’深受儒家思想熏陶，是传统中国基层社会弘扬儒家思想的中间（坚）力量，他们可以充分利用儒家思想的教化功能，向基层社会广大民众灌输儒家思想的仁义道德观念，令基层社会广大民众对皇权于基层社会治理之（产生）认同，达到控制基层社会民众思想、稳定基层社会秩序的

---

① 刘再聪：《唐朝“村正”考》，《中国农史》2007 年第 4 期。

② 唐鸣、赵鲲鹏、刘志鹏：《中国古代乡村治理的基本模式及其历史变迁》，《江汉论坛》2011 年第 3 期。

③ 项继权等：《中国农村社区建设研究》，经济科学出版社，2016，第 48、49 页。

目的。”[1]另一方面，乡绅又是平衡国家权力和乡村社会公共权力的中坚力量。“中国古代乡绅，尤其是本籍乡绅，相近的血缘关系与地缘关系使其带有强烈的情感和身份认同，成为中国传统乡村社会公共权力的主导者。”[2]建立在血缘关系及地缘关系基础上，加上老百姓对文化与知识精英的尊重与信任，乡绅在一定程度上成为地方利益的代言人，进而避免了国家权力向基层社会过度渗透。

乡绅应具备三要素：其一，知识要素，也是最关键的要素。在传统社会，知识主要是指儒家伦理，近代以后则包含在乡村之外获得的见识。其二，财富要素。虽然古语有云“寒门出贵子”，历史上也的确有不少家境贫寒的子弟通过科举考试获得功名，但就整体而言，士绅阶层的存在与延续，无疑还是依赖于家族的物质支持。但光有财富还不行，作为士绅，必须拿出一部分财富来为公共事业服务，通过财产获得社会威望。其三，身份要素。乡绅的知识和财富只是私人身份的象征，而只有将其知识和财富用于提供公共服务，增加公共利益，才能实现从私人身份向公共身份的转变。

清末“以‘新政’为导向的制度变迁实际上构成了绅权走向‘体制化’扩展的制度性基础。1905 年废科举设学堂的制度改革，从根本上决定了士绅阶层的历史命运。……士绅的社会文化威望开始疏离于乡村权力，致使乡间土豪劣绅一跃而起，填补了权力真空。”[3]“民国时期的士绅阶层较之传统的士绅阶层（晚清），其变化主要在于其构成的成分，传统士绅阶层多为传统学绅和官绅。而民国时期的士绅则更多地包括了商绅、军绅、新式学绅以及部分以非法方式（土匪、寇首）进入这一阶层的人物。”[4]在民国时期，乡绅不再是社会矛盾的缓冲器，而成为地方利益冲突的主要来源。“清

---

① 高福顺：《古代“乡绅之治”开启基层治理密码》，《人民论坛》2017 年第 35 期。

② 秦德君、毛光霞：《中国古代“乡绅之治”：治理逻辑与现代意蕴——中国基层社会治理的非行政化启示》，《党政研究》2016 年第 3 期。

③ 王先明：《乡绅权势消退的历史轨迹——20 世纪前期的制度变迁、革命话语与乡绅权力》，《南开学报（哲学社会科学版）》2009 年第 1 期。

④ 同③。

末以降,绅权的乡村根基转为国家授权,而乡绅'劣化'逐渐成为一种普遍的话语,民国中期以后便不再有真正意义上的乡绅了。"①20世纪以来,国家政权不断向基层渗透,基层自治的空间越来越小。尽管民国时期曾经进行过村民自治的尝试,村民自治的发展经历了翟城村治、山西村治、南京"国民政府"的地方自治,但由于受到半殖民地半封建社会政治、经济、社会、文化等诸多因素的影响,这种尝试在实践中被扭曲,终究流于形式。

在传统的乡里、保甲制度中,宗族也发挥着关键作用。费正清在讨论中国社会的结构时曾指出:"中国的家庭是自成一体的小天地,是一个微型的邦国。从前,中国的社会单元是家庭而不是个人,家庭才是当地政治生活中负责任的成分。每个农家既是经济单位,又是社会单位,村子里的中国人直到最近,主要还是按家族组织起来的,其次才组成同一地区的邻里社会。而村子通常由一群家庭和家族单位(各个世系)组成。"②我国一向有"修身、齐家、治国、平天下"的传统,传统乡村是以家庭为基本的生产单位和生活单位,而不是以个人。由家庭、家族扩展而成的宗族组织,在传统乡村治理中既与乡绅的作用有交叉,也有自己的独特性,同样成为传统社会乡村治理中不可或缺的力量。人们通常认为,宗族发展经历了三次大变革。第一个时期是西周至春秋初期,这一阶段宗法制盛行,事实上当时是宗法与国家合一的。第二个时期是门阀大家族盛行的东汉时期至魏晋南北朝时期。第三个时期是自宋代开始到明清时代。从宋朝开始,家族不再局限于少数贵族官宦之家,而成为平民社会的组织。传统的宗法大家族自宋之后,则成为一种平民化和大众化的家族制度③。

特别值得一提的是江南的世家望族。江南地区是明清时期的经济文化中心,其宗族发展既具有一般宗族的共性,也具有其独特

① 王先明:《乡绅权势消退的历史轨迹——20世纪前期的制度变迁、革命话语与乡绅权力》,《南开学报(哲学社会科学版)》2009年第1期。

② 费正清:《美国与中国》,张理京译,世界知识出版社,1999,第22-28页。

③ 项继权等:《中国农村社区建设研究》,经济科学出版社,2016,第61页。

的地域特征，主要表现在世家望族势力强大，尤其是科举家族、文化家族颇多[①]。“明清时期江东镇江、常州、苏州、太仓三府一州，不仅经济繁荣、文化发达，而且人文荟萃，也是诸姓望族集中的地方。”[②]江南地区属于本书所研究的地域，过去该地区望族与士绅所起的作用较为充分，而当今该地区的新乡贤所发挥的作用比较充分，无疑是有其历史渊源可以追溯的。

第二节　中华人民共和国成立后农村社区治理沿革

中华人民共和国成立后，农村社区治理经历了乡政权时期、人民公社时期、“乡政村治”时期。

一、第一阶段：乡政权时期（1949—1957 年）

中华人民共和国成立后，在 1950—1952 年期间，国家开展了土地改革运动，党中央明确规定了新解放区土地改革的总路线和总政策，即依靠贫农、雇农，团结中农，中立富农，有步骤、有分别地消灭封建剥削制度，发展农业生产。通过开展土地改革及各种各样的群众运动，传统乡村的族权、绅权、神权被彻底颠覆，党支部、共青团、工会、妇联得以重建，农民被重新组织起来。行政建制方面，乡政权得以恢复。1950 年 12 月，政务院通过了《区各界人民代表会议组织通则》《区人民政府及区公所组织通则》《乡（行政村）人民代表会议组织通则》，对基层政府的设置和组织进行了规定。县下设区，成立区公所。区公所下设乡或村，乡和村属于同一级行政建制，只有大小和地区的区别，没有层级的差异。村政府在北方比较普遍，乡政府在南方比较常见。《中华人民共和国宪法》（1954 年）规定：“乡、民族乡是农村基层行政区划，乡政权是农村基层政权，是国家政权的有机组成部分。”乡政权以下的管理单位是自然村，由村党支部和上级派出机构共同管理。这一时期，“国家通过土地改革、合作化运动时期的经济集体化以及在乡村社会建立基

① 项继权等：《中国农村社区建设研究》，经济科学出版社，2016，第 64 页。

② 吴仁安：《明清江南望族与社会经济文化》，上海人民出版社，2001，第 31–33 页。

层政权组织，摧毁了旧有的治理体制，由新建立的农村基层政权组织直接征收农业税，提取乡村社会的经济资源，增强了国家政治输出和政治控制的能力。”[①]这样，国家权力直接渗透到乡村社会，这一体制适应了新中国成立初“集中力量办大事”的需要，一定程度上有利于国民经济的恢复和发展。

二、第二阶段：人民公社时期（1958—1978 年）

1958 年党中央提出了“鼓足干劲、力争上游、多快好省地建设社会主义”的总路线，人民公社与总路线、“大跃进”被并称为 1958 年的“三面红旗”。从 1958 年开始，乡村政权被废止，代之以人民公社。从 1958 年建立人民公社到 1983 年废除人民公社，人民公社存在了 25 年之久。人民公社是高度政社合一的体制，从 1962 年开始，调整为人民公社、生产大队和生产队三级组织，通常称为“三级所有，队为基础”。人民公社是政治、经济、行政、社会高度合一的封闭体。党组织、政权组织、经济组织也高度融合。通过合作化运动，从互助组、初级社、高级社升级到人民公社，土地等生产资料归集体所有。这一时期，家庭这一原始农业社会基本生产单位的功能逐渐萎缩。在人民公社内部实行“一平二调”，它是平均主义和无偿调拨的简称。“一平”是指在人民公社范围内把贫富拉平，搞平均分配；“二调”是指对生产队的生产资料、劳动力、产品及其他财产无代价地上调。另外，公社成员还在集体食堂吃大锅饭。

在当时的环境下，人民公社也曾发挥了一定的积极作用，例如统筹城乡发展，从农村汲取资源支持工业化建设，初步奠定了我国工业化和现代化建设的基础；通过社会动员，集中力量兴修水利等农业基础设施建设，并对农村五保户、军烈属等弱势群体进行扶助；教育、医疗条件也得到很大改善。但是，绝对平均分配，多干少干一个样，严重挫伤了农民生产的积极性，生产效率低下，社会缺乏生机和活力。同时，城乡二元格局导致农民无法自由流动，我国

---

① 侯万锋：《新中国成立以来我国乡村治理模式的历史回顾、现实难题与治理机制优化》，《河南师范大学学报（哲学社会科学版）》2009 年第 5 期。

城镇化进程缓慢。

三、第三阶段："乡政村治"阶段(1978年后)

村民自治有其经济基础，即家庭联产承包责任制。1978年年底，安徽省凤阳县小岗村的十八户村民走进一间茅草屋，签下了承包土地的"生死契约"，由此拉开了农村改革的帷幕。家庭联产承包责任制使农民的生产积极性、主动性得以充分发挥，人民公社迅速解体。

《中华人民共和国宪法》(1982年)第九十五条规定："省、直辖市、县、市辖区、乡、民族乡、镇设立人民代表大会和人民政府。"人民公社从此退出历史舞台。1983年中共中央、国务院《关于实行政社分开，建立乡政府的通知》指出，撤销人民公社和生产大队，建立乡镇人民政府和农村村民委员会。

1987年《中华人民共和国村民委员会组织法(试行)》的颁布为村民自治提供了法律依据。事实上，早在1980年，广西壮族自治区宜州市屏南乡合寨村就诞生了中华人民共和国历史上第一个村民委员会，中国基层民主政治由此翻开了新的一页。"海选"是中国农民在村民自治制度中创造的一种直接选举方式，由吉林省四平市梨树县梨树乡北老壕村村委会于1986年首创。《中华人民共和国村民委员会组织法(试行)》明确规定："村民委员会是村民自我管理、自我教育、自我服务的基层群众性自治组织。""乡、民族乡、镇的人民政府对村民委员会的工作给予指导、支持和帮助。"由此，基层治理进入"乡政村治"阶段。1998年通过的《中华人民共和国村民委员会组织法》对此进行了确认。《中华人民共和国村民委员会组织法》分别于2010年、2018年进行了两次修订。

从实践来看，村民自治存在以下问题：

其一，村民的民主权利没有充分行使。

按照《中华人民共和国村民委员会组织法》中的规定，村民自治的主要内容为"四民"，即民主选举、民主决策、民主监督、民主管理。从实践情况来看，在民主选举方面，三年一届的村民委员会选举进行得比较彻底；但也出现了村霸控制选举，贿选，宗族、宗教势力干扰选举等现象，也有外出打工人员及外来人员无法充分行使自己的选举权的现象。外出打工人员委托投票经常流于形式。在民主决策方面，各地村委会通过村民会议、村民代表大会、一事一议等形式，让村民在一定程度上参与到决策过程中来，以浙江温岭为代表的民主恳谈形式开创了参与式预算的先河；但总体上而言，普通村民的参与意识还是不够强，参与民主决策的渠道也不够畅通。在民主监督方面，各地纷纷建立村民监事会、村民理事会等，对财务、村务公开情况进行监督，但在调研中也发现，不少村民对村务公开、财务公开并不关心。在民主管理方面，村务管理更多沿袭了自上而下的"准行政"方式。

其二，农村社区各种关系没有理顺。

就乡村关系而言，《中华人民共和国村民委员会组织法》第五条规定："乡、民族乡、镇的人民政府对村民委员会的工作给予指导、支持和帮助，但是不得干预依法属于村民自治范围内的事项。村民委员会协助乡、民族乡、镇的人民政府开展工作。"现实情况是村委会很多时候陷入乡政府的行政事务中，比如税费改革前的税费上缴、上报各种材料等，不少村委会沦为乡政府的执行机构，行政化程度严重。"村账乡管"的本意在于令乡政府对村委会的财务进行监督，但执行到后来，却强化了乡政府对村委会的控制，使村委会进一步丧失了经济上的独立性和自主权。就党组织与村委会的关系而言，《中华人民共和国村民委员会组织法》第四条规定："中国共产党在农村的基层组织，按照中国共产党章程进行工作，发挥领导核心作用，领导和支持村民委员会行使职权；依照宪法和法律，支持和保障村民开展自治活动、直接行使民主权利。"在村委会与集体经济组织的关系上，也没有很好地实现政企分开，往往是两套班子、一套人马，村社一体、政社不分。农村生活共同体并没有很好地从生产共同体中分离出来。

其三，城乡分离及社区空心化。

改革开放后，进城务工的农民越来越多，根据国家统计局 2019 年 2 月 28 日发布的《中华人民共和国 2018 年国民经济和社会发展统计公报》,2018 年全国农民工总量 28 836 万人,比 2017 年增长 0.6%。其中,外出农民工 17 266 万人,增长 0.5%;本地农民工 11 570 万人,增长 0.9%。农民外出务工导致农村人口,尤其是农村的青壮年人口大量流失,农村社区空心化现象严重,不少农村成为“三八、六一、七〇(妇女、孩子、老人)部队”,进而引发了留守儿童受教育问题、夫妻长期分居导致感情恶化问题、农民养老问题等。

在城市居住的农民工,由于受到城乡二元分治体制的影响,在户籍、教育、医疗、养老、就业、卫生、社保等方面与城市居民依然存在差异,城乡二元化的管理和组织体制依然存在,农民工依旧没有办法享受到与城市市民同样的服务。

中共中央、国务院于 2019 年 5 月 5 日对外发布《中共中央　国务院关于建立城乡融合发展体制机制和政策体系的意见》(以下简称《意见》),《意见》设定了“到 2022 年城乡落户限制逐步消除”的目标,并要求“有力有序有效深化户籍制度改革,放开放宽除个别超大城市外的城市落户限制”。2019 年 5 月 6 日,国家发改委召开专题新闻发布会,介绍关于建立健全城乡融合发展体制机制和政策体系有关情况,并回答记者提问。关于哪些人是重点群体,发改委规划司副司长陈亚军表示:“解决农民工的落户问题首先是坚持存量优先、带动增量的原则。存量优先就是指已经在城市长期就业、工作、居住的这部分农业转移人口,特别是举家迁徙的,还有新生代农民工,以及农村学生升学和参军进入城镇的人口。这些重点人群才是落户的重点,而不是说片面地去抢人才。城市需要人才,但是更需要不同层次的人口,绝不能搞选择性落户。”[①]这一意见能否成功执行,关系到城乡分离的问题能否得到有效解决,城乡能否真正实现融合。

---

① 国家发改委:《放宽落户不等于放松房地产调控》,2019 年 5 月 7 日,据央视网:http://news.0731fdc.com/fc/20195/07/10504571_1.html。

第三节 新农村建设时期的共建共治共享阶段

从 2001 年起,各地开始尝试进行农村社区建设,这成为新农村建设的一部分。在这一阶段,农村社区建设还是地方政府的自发行为。2006 年 10 月,中国共产党第十六届中央委员会第六次全体会议通过了《中共中央关于构建社会主义和谐社会若干重大问题的决定》,在这一决定中,"农村社区建设"作为完整的概念被第一次提了出来,该决定同时作出了"全面开展城市社区建设,积极推进农村社区建设,健全新型社区管理和服务体制,把社区建设成为管理有序、服务完善、文明祥和的社会生活共同体"的重大决策。2007 年 3 月 29 日民政部印发了《全国农村社区建设实验县(市/区)工作实施方案》,并确立了全国第一批 251 个试点。从 2017 年开始,民政部先后确定了 304 个农村社区建设试点,全国掀起了农村社区建设的高潮。2009 年 3 月 6 日民政部下发了《民政部关于开展"农村社区建设实验全覆盖"创建活动的通知》。2010 年审议通过的"十二五"规划纲要强调"强化城乡社区自治和服务功能,全面开展城市社区建设,积极推进农村社区建设,健全新型社区管理和服务体制,把社区建设成为管理有序、服务完善、文明祥和的社会生活共同体",这标志着我国农村社区建设由地方自发发展为国家层面的整体、全面推进。

中共中央办公厅、国务院办公厅 2015 年发布的《关于深入推进农村社区建设试点工作的指导意见》进一步提出农村社区建设的目标是:"以全面提高农村居民生活质量和文化素养为根本,完善村民自治与多元主体参与有机结合的农村社区共建共享机制,健全村民自我服务与政府公共服务、社会公益服务有效衔接的农村基层综合服务管理平台,形成乡土文化和现代文明融合发展的文化纽带,构建生态功能与生产功能协调发展的人居环境,打造一批管理有序、服务完善、文明祥和的农村社区建设示范点,为全面推进农村社区建设、统筹城乡发展探索路径、积累经验。”[①]并指出工作重心为:“完善在村党组织领导下,以村民自治为基础的农村社区治理机制;促进流动人口有效参与农村社区服务管理;畅通多元主体参与农村社区建设渠道;推进农村社区法治建设;提升农村社区公共服务供给水平;推动农村社区公益性服务、市场化服务创新发展;强化农村社区文化认同;改善农村社区人居环境。”[②]

中共中央办公厅、国务院办公厅印的《关于加强城乡社区协商的意见》对城乡社区协商内容、协商主体、协商形式、协商程序、协商成果进行了规定。指出协商内容主要包括城乡经济社会发展中涉及当地居民切身利益的公共事务、公益事业;当地居民反映强烈、迫切要求解决的实际困难问题和矛盾纠纷;党和政府的方针政策、重点工作部署在城乡社区的落实;法律法规和政策明确要求协商的事项;各类协商主体提出协商需求的事项。协商主体包括基层政府及其派出机关、村(社区)党组织、村(居)民委员会、村(居)民监督委员会、村(居)民小组、驻村(社区)单位、社区社会组织、业主委员会、农村集体经济组织、农民合作组织、物业企业和当地户籍居民、非户籍居民代表以及其他利益相关方。协商形式包括村(居)民议事会、村(居)民理事会、小区协商、业主协商、村(居)民决策听证、民主评议等形式,以民情恳谈日、社区(驻村)警务室开放日、村(居)民论坛、妇女之家等为平台,开展灵活多样的协商活动。协商的一般程序为村(社区)党组织、村(居)民委员会在充分征求意见的基础上研究提出协商议题,确定参与协商的各类主体;通过多种方式,向参与协商的各类主体提前通报协商内容和相关信息;组织开展协商,确保各类主体充分发表意见和建议,形成协商意见;组织实施协商成果,向协商主体、利益相关方和居民反馈落实情况等。要建立协商成果采纳、落实和反馈机制。2016 年民

---

① 中共中央办公厅、国务院办公厅:《关于深入推进农村社区建设试点工作的指导意见》,2015 年 5 月 31 日,据中华人民共和国中央人民政府网站:http://www.gov.cn/xinwen/2015-05/31/content_2871051.htm。

② 同①。

政部发布了《民政部关于深入推进城乡社区协商工作的通知》,对进一步贯彻落实社区协商工作进行了具体部署。

民政部、国家发展和改革委员会、工业和信息化部、公安部、财政部联合发布的《关于推进社区公共服务综合信息平台建设的指导意见》指出,要建设社区公共服务信息系统、整合社区公共服务信息资源、完善社区公共服务综合信息平台规划布局、加强社区公共服务综合信息平台服务管理,提出“逐步实现社区公共服务事项的全人群覆盖、全口径集成和全区域通办”的目标。

民政部、住房和城乡建设部、农业农村部等多部门于2016年10月28日联合发布的《城乡社区服务体系建设规划》(2016—2020年)指出,要加强城乡社区服务机构建设、扩大城乡社区服务有效供给、健全城乡社区服务设施网络、推进城乡社区服务人才队伍建设、加强城乡社区信息化建设、创新城乡社区服务机制。

十九大报告提出乡村振兴战略,指出:“要坚持农业农村优先发展,按照产业兴旺、生态宜居、乡风文明、治理有效、生活富裕的总要求,建立健全城乡融合发展体制机制和政策体系,加快推进农业农村现代化。”“加强农村基层基础工作,健全自治、法治、德治相结合的乡村治理体系。”

中共中央、国务院发布的《乡村振兴战略规划(2018—2022年)》从发展壮大乡村产业、建设生态宜居的美丽乡村、繁荣发展乡村文化、健全现代乡村治理体系、保障和改善农村民生、完善城乡融合发展政策体系等多个角度对乡村振兴战略进行了具体部署。其中在“健全现代乡村治理体系”部分指出,要建立健全党委领导、政府负责、社会协同、公众参与、法治保障的现代乡村社会治理体系,提出了健全现代乡村治理体系的具体举措:其一,加强农村基层党组织对乡村振兴的全面领导,其中包括健全以党组织为核心的组织体系、加强农村基层党组织带头人队伍建设、加强农村党员队伍建设、强化农村基层党组织建设责任与保障机制;其二,促进自治、法治、德治有机结合,就是要深化村民自治实践、推进乡村法治建设、提升乡村德治水平、建设平安乡村;其三,夯实基层政权,包括加强基层政权建设、创新基层管理体制机制、健全农村基层服务体系。

2017年6月12日发布的《中共中央 国务院关于加强和完善城乡社区治理的意见》确立了城乡社区治理的目标，提出了健全城乡社区治理体系的途径、提升城乡社区治理水平的途径，以及完善城乡社会治理保障机制的途径。

2019年中央一号文件《中共中央 国务院关于坚持农业农村优先发展做好"三农"工作的若干意见》再次指出要"增强乡村治理能力。建立健全党组织领导的自治、法治、德治相结合的领导体制和工作机制，发挥群众参与治理主体作用"。

新农村建设过程中，农村社区治理体系在顶层设计的指引下，各地在实践中不断创新，逐渐从以前的村民自治过渡到自治、德治、法治相结合，从自我服务过渡到自我服务、政府服务、社会服务相结合，从单一中心治理过渡到多主体协同治理；治理环境从封闭过渡到开放，逐渐能够兼顾本地居民、外来人口、农民工等群体的利益；治理信息化能力不断提升，信息服务平台建设日趋完善；农村社区逐渐朝着产业兴旺、生态宜居、乡风文明、治理有效、生活富裕的方向迈进。农村治理能力现代化水平的提升，必将进一步促进乡村振兴的实现。

第三章　农村社区治理环境的变化

了解社区治理环境的变化是理解社区治理现状及其发展趋势的前提和基础。相较于传统社会,当前农村的经济、政治、文化、社会、生态环境都发生了很大变化。

第一节　经济环境

当今世界经济全球化、信息化、市场化程度不断加深,农村的经济环境也发生了很大的改变。

一、全球化继续推进

当前世界经济全球化继续推进,对我国的经济生活产生了深刻影响,长三角地区是我国改革开放的排头兵,自然受到了强烈的冲击与影响。

广义的经济全球化是从新航路的开辟,即十四五世纪开始的,西方列强从殖民地获取原材料并进行加工,再把加工产品销往殖民地市场,从而使原本隔绝的国家和地区在经济贸易上的联系不断加强。通常意义上所说的经济全球化是从第二次世界大战后开始的,在 20 世纪 80 年代得到了较快发展,90 年代得到普遍认可。但目前尚无统一定义。国际货币基金组织(IMF)在 1997 年 5 月发表的一份报告中指出,“经济全球化是指跨国商品与服务贸易及资本流动规模和形式的增加,以及技术的广泛迅速传播使世界各国经济的相互依赖性增强”。而经济合作与发展组织(OECD)认为,“经济全球化可以被看作一种过程,在这个过程中,经济、市场、技术与通信形式都越来越具有全球特征,民族性和地方性在减少”。

全球化趋势发展迅猛，势不可当，我国也逐步融入经济全球化发展的大潮中，特别是在2001年，经过艰苦卓绝的谈判，加入世界贸易组织后，我国与世界各国的交往日趋密切，我国的一些农产品逐渐出现在世界各国的超市、中餐馆里，包括江浙一带所产的海鲜、茶叶、竹制品等。浙江温州一带素有海外务工的传统，王道提到："文成县既是浙江省畲族人口的主要分布地之一，更是浙江省著名的侨乡，因而走向海外的畲族亦居全省之最。目前，在国外打工及经商的畲族农民大约有三四千人，主要集中在意大利、法国、西班牙、荷兰等欧洲国家，少数至南美的苏里南。他们主要在箱包、皮鞋、服装、餐饮、百货超市等行业谋生。"①这一传统影响了文成县周边地区，包括景宁。笔者在田野调查的过程中，曾经居住在深垟村的民宿，了解到其老板的女儿女婿就在意大利制鞋厂工作，八年未曾回家，他们已经习惯了这样的生活方式。农产品和人员的国际流动促进了当地经济的发展，同时也引起人们思想观念的变化，人们越来越能接受新鲜事物，视野越来越宽广。

二、电子商务迅猛发展

信息化、电子商务的发展同样影响农村社区治理，课题组的调研地之一——遂昌县，农村电商的发源地，其在全国农村电商的发展中具有不可低估的影响力。"2013年10月，淘宝网、阿里巴巴研究中心在浙江遂昌发布名为'遂昌模式'的研究报告。同时，专家们也首次发现了一个名为'赶街'的农村电子商务服务站，这个服务站可以为村民提供网购服务，也能帮助农产品外销。"②"赶街"就是"赶集"的意思，遂昌"赶街"其实是一个电子商务平台，即网站在每个有一定规模的村子里找一个村民合作，让这个村民通过"赶街"平台帮其他村民买卖商品。

笔者曾经从好川村搭乘便车去县城，司机为当地村民，毕业于

---

① 王道：《超越大山——浙南培头村钟姓畲族社会经济文化变迁》，中国社会科学出版社，2015，第240页。

② 李球璐：《遂昌赶街网开通"城乡快车"》，《农民日报》2015年5月15日，第3版。

福建师范大学，但他并未从教，而是选择回到好川村从事电子商务工作。通过电子商务，这个小伙子收益颇丰。据当地人介绍，该村有不少年轻人选择在村子里从事电子商务工作，不像其他地区的年轻人一样到外地打工。

景宁畲族自治县李宝村云中公社也充分发挥了电子商务的作用，在这里，物流基地的工作人员依据用户的网上订单当天发出新鲜菜品，杭州、上海等大城市的客户在当天中午就能吃上村里新鲜的食材。当地人因此收入大幅增加，幸福感极大提升。

三、市场化程度不断加深

中华人民共和国成立后，我国经济体制经历了“高度集中的计划经济—有计划的商品经济—社会主义市场经济体制”的转变过程。中华人民共和国成立初期高度集中的计划经济体制有其积极意义：在我国整体国民经济实力非常薄弱的条件下，快速地展开了工业化建设，初步建立了独立的、比较完整的工业体系和国民经济体系。但随着生产力的发展，计划经济缺乏灵活性，导致资源浪费、不利于调动生产者积极性等弊端凸显。邓小平对市场经济与社会主义关系的思考经历了一个过程，在《邓小平文选》中有 12 个地方提到了社会主义与市场经济的关系。1984 年十二届三中全会报告中提出了“有计划的商品经济”。1992 年南方谈话中，邓小平指出，计划多一点，还是市场多一点，不是资本主义和社会主义的本质区别。计划经济不等于社会主义，资本主义也有计划；市场经济不等于资本主义，社会主义也有市场。党的十四大明确了建立社会主义市场经济体制的改革目标；十六届三中全会对完善社会主义市场经济体制提出了明确的目标和任务；十八届三中全会提出要使市场在资源配置中起决定性作用。

对市场经济作用和重要性认识的逐渐明晰，给我国经济生活带来了很大的变化，农村也逐步改变了过去自给自足的小农经济生产方式，开始放眼市场，按照市场供求关系的变化来适时调整自己的生产结构。

第二节　政治环境

改革开放以来，我国农村的政治环境也发生了天翻地覆的变化。

一、党的领导、人民当家做主、依法治国的有机统一

坚持党的领导、人民当家作主、依法治国的有机统一，是中国特色社会主义政治的根本特点。党的领导是决胜全面建成小康社会以及全面建设社会主义现代化国家的根本保证。十九大报告指出：党政军民学，东西南北中，党是领导一切的。不仅强调了党的领导，而且强调党是领导一切的。在农村社区治理中，同样要坚持党的领导，这在《中华人民共和国村民委员会组织法》《中共中央国务院关于加强和完善城乡社区治理的意见》中均有明确规定，但在现实治理过程中，存在各种利益冲突、各种博弈，党的领导工作还需要进一步加强和完善。

人民当家作主是要保证人民在国家政治生活中的主体地位，我国保证人民当家作主的制度设计有全国人民代表大会制度、中国共产党领导的多党合作和政治协商制度、少数民族区域自治制度、基层民主制度等。1978 年邓小平在中共十一届三中全会上的讲话中强调“要切实保障工人、农民个人的民主权利，包括民主选举、民主管理和民主监督”①。十八大更具体地指出：“在城乡社区治理、基层公共事务和公益事业中实行群众自我管理、自我服务、自我教育、自我监督，是人民依法直接行使民主权利的重要方式。”②党中央再次把基层直接民主提到一个重要的地位。十九大报告指出：“巩固基层政权，完善基层民主制度，保障人民知情权、

① 邓小平：《邓小平文选（1975—1982 年）》，人民出版社，1983，第 146 页。

② 胡锦涛：《坚定不移沿着中国特色社会主义道路前进，为全面建成小康社会而奋斗——在中国共产党第十八次全国代表大会上的报告》，人民出版社，2012，第 27 页。

参与权、表达权、监督权。”[①]十九大报告还指出：“加强协商民主制度建设，形成完整的制度程序和参与实践，保证人民在日常政治生活中有广泛持续深入参与的权利。”[②]中共中央、国务院发布的《关于加强城乡社区协商的意见》中提出了明确协商内容、确定协商主体、拓展协商形式、规范协商程序、运用协商成果等有关社区协商的主要任务，为社区民主协商提供了行动指南。

早在 1978 年，邓小平在中共十一届三中全会发表的《解放思想、实事求是，团结一致向前看》重要讲话中就指出：“为了保障人民民主，必须加强法制。必须使民主制度化、法制化，使这种制度和法律不因领导人的改变而改变，不因领导人的看法和注意力的改变而改变。”[③]1997 年 9 月，党的十五大正式把依法治国确定为“党领导人民治理国家的基本方略”，“有法可依、有法必依、执法必严、违法必究”十六字方针成为依法治国的总体要求。十八大报告提出了新的十六字方针，即“科学立法、严格执法、公正司法、全民守法”，更加强调科学立法，强化对法的实施，体现了人民对公正司法更高程度的渴求，并且凸显了全民作为守法者的主体地位，从而实现了形式法治与实质法治相结合。2014 年十八届四中全会通过了《中共中央关于全面推进依法治国若干重大问题的决定》，勾勒出更全面、具体、更有针对性的依法治国路径图，提出“坚持法治国家、法治政府、法治社会一体建设，实现科学立法、严格执法、公正司法、全民守法，促进国家治理体系和治理能力现代化”[④]的总体目标，具体指出要“深入开展多层次多形式法治创建活动，深化基层组织和部门、行业依法治理，支持各类社会主体自我约束、自我管理。发挥市民公约、乡规民约、行业规章、团体章程等社会规范在

---

① 习近平：《决胜全面建成小康社会，夺取新时代中国特色社会主义伟大胜利——在中国共产党第十九次全国代表大会上的报告》，人民出版社，2017，第 37 页。

② 同①，第 38 页。

③ 邓小平：《邓小平文选（1975—1982 年）》，人民出版社，1983，第 146 页。

④ 《中共中央关于全面推进依法治国若干重大问题的决定》，据人民网：http://politics.people.com.cn/n/2014/1028/c1001-25926121.html。

社会治理中的积极作用”[①]。“推进覆盖城乡居民的公共法律服务体系建设,加强民生领域法律服务。”进一步强调了基层治理中法治的重要性,并为基层治理提供了法律保障。

二、中央地方关系的调整、政府职能的转变

早在1956年,毛泽东在《论十大关系》中就指出:“在中央和地方的关系问题上,要在巩固中央统一领导的前提下,扩大地方的权力(即权力下放给地方),让地方办更多的事情,发挥中央和地方两个积极性。”1982年颁布的《中华人民共和国宪法》明确规定了中央和地方国家机构职权划分的总原则:遵循在中央统一领导下,充分发挥地方主动性和积极性。1994年,分税制的实行理顺了中央和地方的财权问题,在明确了中央和地方主要收入来源的同时,统一了地方上缴中央税收的比例;分税制增强了中央的财政实力,削弱了地方跟中央“讨价还价”的资本。在保证中央权威的前提下,中央不断向地方放权,与此同时,政府职能从管理向服务转变。2018年两会期间,李克强总理在政府工作报告中指出,“过去五年针对长期存在的重审批、轻监管、弱服务问题,我国持续深化‘放管服’改革,加快转变政府职能,减少微观管理、直接干预,注重加强宏观调控、市场监管和公共服务。五年来,国务院部门行政审批事项削减44%,非行政许可审批彻底终结,中央政府层面核准的企业投资项目减少90%,行政审批中介服务事项压减74%,职业资格许可和认定大幅减少。此外,中央政府定价项目缩减80%,地方政府定价项目缩减50%以上”[②]。李克强强调,“五年来,通过全面改革工商登记、注册资本等商事制度,企业开办时间缩短三分之一以上。而创新和加强事中事后监管,实行‘双随机、一公开’,随机抽取检查人员和检查对象、及时公开查处结果,也提高了监管效能和

① 《中共中央关于全面推进依法治国若干重大问题的决定》,据人民网:http://politics.people.com.cn/n/2014/1028/c1001-25926121.html。

② 李克强:《政府工作报告——2018年3月5日在第十三届全国人民代表大会第一次会议上》,人民出版社,2018,第8页。

公正性”①。

三、地方治理、社区治理创新以及村民权利意识的增强

在中央地方关系调整以及政府简政放权的大背景下，长三角地区在地方治理和社区治理方面有许多创新之举。以地方政府创新奖为例，在中共中央编译局比较政治与经济研究中心等单位于2000年发起“中国地方政府创新奖”的历届获奖名单中，涉及江浙一带的有：第一届（2000年），江苏省南京市下关区首创“政务超市”、浙江省金华市干部经济责任审计；第二届（2003—2004年），浙江省湖州市户籍制度改革、温岭市民主恳谈；第四届（2007—2008年），浙江省义乌总工会——工会社会化维权模式、浙江省宁波市海曙区人民政府——政府购买居家养老服务、江苏省公安厅——执法告知服务制度；第五届（2019—2010年），浙江省杭州市政府——开放式决策、江苏省江阴市委市政府——“幸福江阴”综合评价指标体系构建；第六届（2011—2012年），浙江省慈溪市委、市政府——基层组织和社会组织协同治理模式、浙江省绍兴市人民政府——中心镇权力规制；第七届（2013—2014年），江苏省昆山市张浦镇党委镇政府——经济发达镇行政改革与流程再造、浙江省杭州市上城区委区政府——政府管理与公共服务标准化。

在《小康》杂志主办的“社会治理创新奖”中，江浙同样有突出贡献，具体获奖情况如下：2015年，浙江省丽水市——“六边三化三美”工作、江苏省淮安市——“构建透明餐饮，让饮食安全看得见”、浙江省安吉县——农民信用工程、浙江省民政厅——民政文化建设创新、衢州市柯城区航埠镇人民政府——“警调衔接、警企联防”机制等；2016年，浙江省民政厅——乡贤参事会协商文化村治模式、浙江省遂昌县——“打造县域文化品牌，推进县域经济发展”、浙江省丽水市——“丽水山耕”推进生态精品农业发展、浙江省临安市——“党建+引领社会治理”；2017年，中共衢州市委、市政

① 李克强：《政府工作报告——2018年3月5日在第十三届全国人民代表大会第一次会议上》，人民出版社，2018，第8页。

府——“最多跑一次”年度最佳实践样本、江苏省淮安市洪泽区——“织密防控体系，打造平安社区”、中共绍兴市委组织部——党建引领乡村振兴“五星达标 3A 争创”工作机制；2018 年，浙江省衢州市——全面提升基层治理现代化。

江浙一带在地方政府创新和社会治理创新方面成效显著，在这样的政治氛围中，农民的参政意识、权利意识在全国也处于较为领先的水平。

第三节　社会环境

一、城镇化加速、城乡融合发展

随着改革开放进程的加速，我国城镇化进程加速，十八大报告提出了“新四化”目标，即工业化、城镇化、信息化、农业现代化，城镇化成为“新四化”的重要组成部分。国家统计局的数据显示，2018 年，从城乡结构来看，城镇常住人口 83 137 万人，比 2017 年末增加 1 790 万人；乡村常住人口 56 401 万人，比 2017 年末减少 1 260 万人；城镇人口占总人口比重（城镇化率）为 59.58%，比 2017 年末提高 1.06 个百分点。全国人户分离人口（即居民的居住地和户口登记地不在同一个乡镇或街道，并且离开户口登记地半年以上的人口）2.86 亿人，比 2017 年末减少 450 万人；其中流动人口 2.41 亿人，比 2017 年末减少 378 万人。

从以上数据可以看出，我国城镇化进程在加快，我国已不再是传统的农业大国，大批青壮年农民离开乡村，进入城市，由此产生了不少空心化的村庄。但随着乡村振兴战略的提出，以及城乡融合发展的趋势，不少地方出现了农民工返乡创业的趋势。江浙处于改革开放的前沿阵地，苏南的乡镇企业、浙江的民营企业一度成为改革创新的热门话题。就本书所调研的农村来看，竹镇镇竹墩社区的居民外出打工率较高，村子里的农田大多被种田大户承包。世业镇卫星村的村民外出打工率也较高，但近年来生态旅游的发展，以及镇江市青少年实践教育基地的落户，消化了一部分劳动力。城西回民村民宿、农家乐发展态势良好,村子里还有 20 多家小厂,茶叶、水果种植也形成了一定规模。景宁县大均乡外出打工,出国经商,在其他省份经营小超市、小旅馆及从事建筑相关工作的农民为数不少,近年来返乡经营民宿、农家乐的农民比例也在增加。遂昌县三仁乡的农民也比较安居乐业,笋竹、茶叶、水稻制种能满足其基本的生活需求,电子商务为农民提供了产品销售渠道,并解决了一部分农民的就业问题。

二、社会流动加速

随着农业现代化及城镇化进程的深入发展,社会流动加速(“社会流动是指社会成员从一种社会地位或职业向另一种社会地位或职业的变动”①)。改革开放前,农村的社会流动经历了两次高潮及两次反向流动。第一次高潮发生在第一个五年计划时期(1953—1957 年)。当时全国在建设工业化基础,以及开展对农业、手工业、资本主义工商业的社会主义改造。当时我国的工业化刚刚起步,需要大量的劳动力,农民可以自由进入城镇就业。第二次农村的社会流动高潮发生在 1958 年“大跃进”时期,大批农民进入城市,大炼钢铁,支持城镇建设。但当时人口的无序流动超过了城市的承载力,三年困难时期导致城市粮食供应紧张。在此情况下,城市开始精简职工,国家动员城里人下乡。于是出现了人口第一次从城市向乡村的反向流动。第二次反向流动是在“文革”期间,国家动员知识分子上山下乡,“广阔的田地,大有作为”成为当时城市年轻人奔赴农村的动力。大批所谓的“右派反革命分子”也被下放到农村接受改造。这两次人口反向流动给农村增加了巨大的人口负担,也使我国错失了城镇化的良机。

改革开放后,特别是在 1992 年社会主义市场经济体制建立后,农村人口流动成为常态。其中,一部分农民流向乡镇企业,尤其是苏南地区,早在 1958 年就响应国家号召办起了社队企业。中共十一届三中全会后,人民公社解体,社队企业更名为“乡镇企

① 刘豪兴:《农村社会学》,中国人民大学出版社,2015,第 312 页。

业”。乡镇企业的蓬勃发展成为苏南经济发展的特色。1983 年社会学家费孝通在《小城镇　再探索》一文中，首次提出“苏南模式”的概念，这种模式作为社会主义的成功实践，成了当时全国追捧和效仿的榜样。在乡镇企业工作的农民“离土不离乡”。浙江，尤其是浙南，地处山区，自然资源贫瘠，光靠农业生产连基本的生活需求都满足不了，吃不饱，穿不暖成为常态。于是，改革开放前，不少农民发扬“鸡毛换糖”的传统，以以物易物的形式经商，电视剧《鸡毛飞上天》就很形象地展现了义乌商业发展的过程，同时也是浙江经济发展的一个缩影。改革开放后，浙江私营企业、个体经商户大量涌现，很多农民从种植粮食转向经营小商品，或到企业打工。另外，随着城市服务业的发展，相当多的农民工在城市餐厅、旅馆等场所从事服务业。当前，有大批农民工居住在城市，但户籍仍在农村，户籍地和常住地不一致的情况比比皆是。

由于一部分农民工所工作的企业没有为农民工购买社会保险，农民工的权利得不到保障，还要面临和父母妻儿长期两地分离的状况，导致一部分农民工家庭出现了夫妻感情问题、留守儿童的心理问题等。加上近些年，农村特别是发达地区的农村农民就业环境逐渐好转，从 2004 年年初开始，珠三角、闽东南、浙东南等地方出现了“民工荒”，一改二十多年来的“民工潮”现象，人口出现了逆向流转。

三、农村的社会分层加剧

“阶层指因财富、收入、声望、教育机会等社会资源不同而区分的社会层次。”[①]早在 1925 年发表的《中国社会各阶级的分析》中，毛泽东按财产占有状况，将农村的阶级分为地主、自耕农（含富农）、农村无产阶级、半无产阶级。其中，长工、月工、零工为农村无产阶级，半自耕农、贫民、小手工业者、店员、小贩等为半无产阶级。

中华人民共和国成立后，1950 年土地改革时期，政务院颁布的《关于划分农村阶级成分的决定》将农村人口分为 13 个阶级、阶

---

① 刘豪兴：《农村社会学》，中国人民大学出版社，2015，第 289 页。

层:(1) 地主、恶霸、军阀、官僚、劣绅、破产地主、管公堂;(2) 资本家、手工业资本家、商业资本家;(3) 开明绅士;(4) 富农、反动富农;(5) 中农、富裕中农;(6) 知识分子;(7) 自由职业者;(8) 宗教职业者;(9) 小手工业者;(10) 小商小贩;(11) 贫农;(12) 工人、手工工人;(13) 贫民、游民①。

自 20 世纪 90 年代以来,随着社会流动加剧,农村社会阶层发生了很大分化。陆学艺将其分为农业劳动者、农民工、雇工、农村知识分子、个体劳动者、个体工商户、私营企业主、乡镇企业管理者、农村社会管理者等②。农村社会分层使农村出现了经济能人、文化精英、政治精英等群体,有相当一部分村庄的事务处理掌握在这部分人手中,这些人成为乡村决策的影响者和真正决定者,成为乡村治理中的"关键少数"。绝大多数的普通村民对村庄事务的影响较小,或者只能靠人数上的优势来对村庄事务产生影响。

四、社会组织的发展

随着政社分离,我国社会组织发展较为迅速。中国社会科学院研究生院与社会科学文献出版社于 2018 年 5 月 16 日在北京发布了《社会组织蓝皮书:中国社会组织报告(2018)》,该报告指出近年来我国社会组织数量呈现快速增长态势。截至 2017 年底,全国共有社会组织 80. 3 万个,比 2016 年增长 14. 3%,增速创十年来最高。与 2016 年度的 70. 2 万个相比,数量上增长了 10. 1 万个,增长数量同样创十年来最多。"从全国七大区域来看,社会组织在我国所有区域都呈现稳步增长态势,华东地区无论是增长的数量还是速度都远远超过其他区域。"

社会组织一般分为正式组织和非正式组织。正式组织是指经过相关职能部门审批通过的、具有比较完善的组织机构、具有一定规模的人数组成的组织,包括各种基金会、协会等。在江浙农村,老年人协会、乡贤参事会、理事会及各种合作社等在乡村治理中都发挥着重要作用;还有一些文体协会,包括旗袍协会、广场

① 刘豪兴:《农村社会学》,中国人民大学出版社,2015,第 293 页。

② 陆学艺主编《当代中国社会阶层研究报告》,社会科学文献出版社,2002,178 页。

舞协会、少数民族体育运动协会等,丰富了农村的文化生活。非正式组织主要是指在乡村中未取得合法地位,但对乡村治理有一定影响的团体,例如宗族、宗教等相关组织。宗族组织在我国的历史源远流长,特别是在福建、广东一带,其影响力还是很大的。

第四节 文化环境

当前,关于文化的定义有两百多种,尚无统一的说法。其中最为经典的是爱德华·泰勒于 1871 年给文化下的定义:文化是一个复合的整体,包括知识、信仰、艺术、道德、法律、习俗以及作为一个社会成员的人所习得的其他一切能力和习惯。

如今,我国农村文化环境发生了很大变化,主要体现在农民的受教育水平、价值观、宗教信仰、传统习俗等方面。

一、农民受教育水平提高

随着我国教育体制改革逐步完善,特别是九年制义务教育逐步普及,我国国民的受教育水平得到了很大提高。经过多年努力,我国扫盲工作取得了世界公认的历史性成就。据《中国统计年鉴2018》数据,2018 年我国成人文盲率由 10 年前的 22.23%下降到 4.85%,但文盲绝对数仍高达 4 622.1 万人。其中文盲率最高的是西藏自治区,文盲率达到 34.96%。江苏省的文盲率为 5.95%,其中男性占 2.53%,女性占 9.41%;浙江省的文盲率为 5.40%,其中男性占 2.59%,女性占 8.51%。江苏省和浙江省的文盲率均高于全国平均水平(文盲率是 15 岁以上不识字或识字较少人口占该年龄段人口的比重)。

(1) 2017 年江苏省城乡居民受教育状况。

《江苏统计年鉴 2018》显示,至 2017 年 11 月 1 日,江苏省城乡居民受教育状况如表 3-1 所示。

可以看出,江苏省不识字或识字很少的城乡人口数接近,但初中学历以上差距逐渐拉大,说明乡村居民整体受教育水平还是偏低。

表 3-1　2017 年江苏省城乡居民受教育状况

单位：人

指标	6 岁及以上人口	不识字或识字很少	学前教育	小学	初中	普通高中	中职	大学专科	大学本科	研究生
合计	340944	19342	2248	82257	122506	43811	17322	28361	23010	2087
男	171409	4146	1129	37340	65200	25481	9381	15167	12309	1256
女	169535	15195	1119	44917	57306	18330	7941	13194	10701	832
按城乡分										
城镇	230808	9618	1416	46966	78430	33887	13470	24027	21004	1990
男	116499	1988	721	21332	40837	19137	7220	12773	11286	1205
女	114309	7630	695	25634	37593	14750	6250	11254	9718	785
乡村	110136	9724	832	35291	44076	9924	3852	4334	2006	97
男	54910	2158	408	16008	24363	6344	2161	2394	1023	51
女	55226	7565	424	19283	19713	3580	1691	1940	983	47

（2）衢州市沐尘畲族乡居民受教育水平情况。

本书所调研的畲族聚居村，由于大多处于山区，地理位置较为偏僻，相对于浙江整个大环境而言，相对闭塞，教育资源，尤其是优质教育资源不足，当地人受教育水平普遍偏低。吴旻对衢州市沐尘畲族乡调研的数据可以佐证这一点，如表3-2所示。

表3-2　衢州市沐尘畲族乡居民受教育状况①

受教育水平	小学以下	小学	初中	高中或中专	大学或大专
人数/人	12	82	104	64	28
比例/%	4.1	28.3	35.9	22.1	9.7

村民参与治理的热情和能力与受教育程度不是完全正相关的关系，但是肯定会受到受教育程度的影响，不同文化程度的村民对村庄事务的影响程度差异很大。

二、农民观念的变化

传统社会中，农民在日常生产、生活中形成了朴素的互助关系，人与人之间有着不假思索的信任。传统的"君子寓于义，小人寓于利"的义利观也影响到农民的处事方式，重农抑商观念使农民耻于言利，人与人之间没有太多的斤斤计较。传统的乡绅为了村庄公共事务，不惜散尽家财。而随着商品经济的发展，人与人之间少了信任，多了猜忌。因此在调研中，李宝村云中公社负责人卢仲华提出了"伦理重建"的主张。

一方面，中国人具有清官期盼意识。"当官不为民做主，不如回家卖红薯"，老百姓期望有一个清官能为自己做主，而不是自己的事情自己思考、自己做决定。传统具有连贯性，如今这一传统思维依旧影响着人们的生活，在农村社区治理过程中，不少村民并没有主动参与的意识，而是期望有人为其做主，这也是政社关系难以厘清的深层次文化原因。而另一方面，随着村民自治实践的推进，

① 吴旻：《少数民族地区的政治参与研究——以浙江省龙游县沐尘畲族乡为例》，硕士学位论文，江苏大学，2018，第32页。

部分农民的民主意识、参与意识得到了锻炼和培养。因此,当代农民不仅在经济上出现了分层现象,在政治参与方面也出现了分层。

中国具有强烈的人治传统,重人情、轻规则。村民之间出现邻里矛盾、土地纠纷时,往往喜欢通过熟人或者德高望重的人调节来解决,这也是老年人协会、乡贤参事会、理事会等社会组织能够得到村民认可的原因。随着法治化进程的推进,特别是乡村振兴战略中提到的德治、法治、自治三治结合原则的落地实践,以及普法运动的深入,农民逐渐有了一些法律意识、规则意识,但整体上仍旧是德治有余而自治、法治不足。

三、民族因素

在少数民族聚居地区,民族关系和宗族关系不可分割。宗族关系,在传统社会是影响农村社会秩序的举足轻重的因素。随着家庭联产承包责任制的实行,这种影响逐渐淡化、削弱,但是依然发挥着不可忽视的作用,特别是在畲族聚居地区。畲族有蓝、雷、钟、盘四大姓,部分地区的畲民虽然会讲普通话,但同族人在一起时,还是喜欢讲畲语,而且居住相对集中,自然而然地,关系会比较好,在选举和决策时,容易选举本民族人、本姓人,在村庄决策中,喜欢为对本民族、本姓利益有益的决策投赞成票。

国务院新闻办公室于 2018 年 4 月 3 日发表《中国保障宗教信仰自由的政策和实践》白皮书,这是自 1997 年以来在保障宗教信仰自由政策方面发表的第二部白皮书。该白皮书介绍,“我国主要有佛教、道教、伊斯兰教、天主教和基督教等宗教,信教公民近 2 亿人。我国佛教和道教信徒众多,但普通信徒没有严格的入教程序,人数难以精确统计。信仰伊斯兰教的少数民族总人口 2 000 多万人,伊斯兰教教职人员 5.7 万余人。天主教信徒约 600 万人,基督教信徒 3 800 多万人。此外,还存在多种民间信仰,与当地传统文化和风俗习惯结合在一起,参与民间信仰活动的群众较多”①。

---

① 中华人民共和国国务院新闻办:《中国保障宗教信仰自由的政策和实践》,2018 年 4 月 3 日。据新华网: http://www.xinhuanet.com/politics/2018-04/03/c_1122629624.htm。

竹镇镇有清真寺,还有清真女学,现在还有少量回民严格遵守开斋节的饮食禁忌。阿訇在回民中有着相当的威信,当地民宗部门在解决民族纠纷时,阿訇起着很重要的作用。畲族有自己的民间信仰,畲族人信奉的神灵由四个大类组成:① 传说中的历史人物,包括宗族远祖和族内英雄能人;②民间俗神,与当地汉族村民共同信奉的神灵;③道教与佛教神灵,尤以道教神灵所占比重为大;④石神、树神等自然物体演化成的神灵。其中以宗祠远祖和民族英雄崇拜对象较多。

四、传统习俗

习近平同志指出:“优秀传统文化是一个国家、一个民族传承和发展的根本,如果丢掉了,就割断了精神命脉。”[①]农村、民族的习俗文化是少数民族农村地区精神命脉的一部分。

关于中国农村习俗,南北、地域差异很大。“三月三”是畲族的传统节日,每年的这一天畲族人民都会举行盛大的庆典,载歌载舞,并祭祖先拜谷神,热闹非凡。同时,他们还要吃乌米饭缅怀祖先、款待来客,故“三月三”又称“乌饭节”。“三月三”节日在保持畲族传统的同时,不断挖掘畲乡风情内涵,不断创新活动内容与形式,成为畲乡的一大文化品牌。“三月三”逐渐成为畲族聚居地保持民族传统、与外界接触的窗口。随着与外界接触、交流得越来越多,畲乡人民受到越来越多现代观念的影响,甚至接触到了不少外国友人,从而使其更加具有开放性、包容性,这也为畲乡乡村旅游发展及治理理念的转变提供了契机。

畲族不少乡村特别重视正月走亲访友的传统,我们的一次调研正值春节期间(当地人认为元宵节之前都是年),很多畲族人家都备了丰盛的酒菜,热情招待来客,我们得以多次品尝了畲家菜。在这段时间里,不少在外打工的村民也趁机聚集在一起,喝酒助兴,相互交流彼此的经历,这样的活动对密切人们之间的关系、增强村庄的凝聚力起到了一定作用。

---

① 中共中央宣传部(国务院新闻办公室)、中共中央文献研究室、中国外文局:《习近平谈治国理政(第二卷)》,外文出版社,2017,第 313 页。

第五节　生态环境

生态问题是当前全民关注的问题，习近平在浙江省任省委书记时，于 2005 年 8 月 15 日在湖州市安吉县余村考察时提出了“绿水青山就是金山银山”的理论，2006 年 3 月 8 日，习近平在中国人民大学的演讲中，深刻论述了“两山”理论的辩证关系。他认为，第一个阶段是用绿水青山去换金山银山；第二个阶段是既要金山银山，但是也要保住绿水青山；第三个阶段是认识到绿水青山本身就是金山银山。2006 年 7 月 29 日，习近平在丽水调研时，谆谆告诫当地干部，“绿水青山就是金山银山，对丽水来说尤为如此”，丽水“守住了这方净土，就守住了金饭碗”。2017 年 10 月 18 日，习近平同志在十九大报告中指出，“坚持人与自然和谐共生。必须树立和践行绿水青山就是金山银山的理念，坚持节约资源和保护环境的基本国策，像对待生命一样对待生态环境，统筹山水林田湖草系统治理，实行最严格的生态环境保护制度，形成绿色发展方式和生活方式，坚定走生产发展、生活富裕、生态良好的文明发展道路，建设美丽中国，为人民创造良好生产生活环境，为全球生态安全作出贡献”①。

浙江作为“两山”理论的发源地，也是其践行地。习近平总书记对浙江省的农村环境治理给予了高度评价，“浙江省十五年间久久为功，扎实推进‘千村示范、万村整治’工程，造就了万千美丽乡村，取得了显著成效”②。

早在 2002 年，浙江省就提出建设“绿色浙江”的目标，在习近

---

① 习近平：《决胜全面建成小康社会，夺取新时代中国特色社会主义伟大胜利——在中国共产党第十九次全国代表大会上的报告》，人民出版社，2017，第 23、24 页。

② 习近平：《建设好生态宜居的美丽乡村，让广大农民有更多获得感幸福感》，2018 年 4 月 24 日，据中国共产党新闻网：http://cpc. people. com. cn/n//2018/0424/c64094-29944807. html。

平的推动下，浙江于2003年成为全国第5个生态省建设试点省。2013年，时任浙江省委书记夏宝龙再次提出，要在过去十年的基础上，把生态省建设继续推进到一个新的高度，把浙江的金山银山做得更大，把浙江的绿水青山护得更美。同年，“浙江省委常委会议专题研究‘五水共治’要求从2014年起全面开展治污水、防洪水、排涝水、保供水、抓节水等‘五水共治’，并以此为突破口，深化改革，促进转型，推动升级”①。

本书田野调查点景宁县大均乡、遂昌县三仁畲族乡好川村都位于丽水市，而丽水市的生态文明建设又处于浙江省前列。丽水市的“六边三化三美”行动极具创新性。“六边三化三美”行动是由丽水市委、市人民政府提出的，即在公路边、铁路边、水边、山边、城边、村边等区域实行洁化、绿化、美化行动，实现城美、村美、房美的目标（简称“六边三化三美”行动）。丽水“六边三化三美”工作机制获“2015中国全面小康十大社会治理创新奖”。

正是在这样的大环境下，拥有绿水青山资源的畲族乡村逐步将其美丽生态转化为美丽经济，“靠山吃山，靠水吃水”，不少畲族村落成为休闲旅游胜地，田园综合体、民宿、农家乐为当地人带来了丰厚的经济收益，也为农村社区治理提供了良好的生态环境。

在传统的认识里，农村本该是美好环境的代言者，但是随着受到周边工矿企业污染及现代农药化肥等使用的影响，农村的生态环境也有恶化的趋势。

生态环境部、农业农村部于2018年11月7日印发了《生态环境部 农业农村部关于印发农业农村污染治理攻坚战行动计划的通知》（以下简称《行动计划》），明确了农业农村污染治理的总体要求、行动目标、主要任务和保障措施，对农业农村污染治理攻坚战作出部署。《行动计划》提出，通过三年攻坚，乡村绿色发展加快推进，农村生态环境明显好转，农业农村污染治理工作体制机制基本形成，农业农村环境监管明显加强，农村居民参与农业农村环境

① 《“绿水青山就是金山银山”浙江实践十年大事记》，《浙江林业》2015年第6期。

保护的积极性和主动性显著增强。到 2020 年实现“一保两治三减四提升”:“一保”,即保护农村饮用水水源,农村饮水安全更有保障;“两治”,即治理农村生活垃圾和污水,实现村庄环境干净整洁有序;“三减”,即减少化肥、农药使用量和农业用水总量;“四提升”,即提升主要由农业面源污染造成的超标水体水质、农业废弃物综合利用率、环境监管能力和农村居民参与度。《行动计划》提出了五方面主要任务:一是加强农村饮用水水源保护;二是加快推进农村生活垃圾、污水治理;三是着力解决养殖业污染;四是有效防控种植业污染。五是提升农业农村环境监管能力。《行动计划》要求,要加强组织领导。完善中央统筹、省负总责、市县落实的工作推进机制,省级人民政府对本地区农村生态环境质量负责。完善经济政策,加强村民自治,加大投入力度,强化监督工作。

《行动计划》的落地实践,离不开各级政府的领导、部署、落实,更离不开农村社区治理各主体的积极参与。只有农村社区居民真正在内心树立了环境保护意识,并转化为自觉的行动,农业农村环境污染治理攻坚战才能打得漂亮,农村才能真正成为人们安居乐业的美丽家园。

农村环境治理是农村社区治理的重要内容,生态文明建设是乡村振兴战略的关键环节。我们所调研的回族村和畲族村,大多拥有丰富的生态环境治理经验和美丽的生态环境。回顾其环境治理过程,总结经验,对其他民族地区,以及农村环境治理必然能提供借鉴和启示。

第四章　长三角聚居性少数民族农村社区参与式治理的浙江实践

畲族是浙江省主要的世居少数民族，主要分布在浙南、浙西南的山区。其人口在万人以上的县(市、区)有9个，全省设有景宁畲族自治县，于1984年设立，是全国唯一的畲族自治地方，也是华东地区唯一的民族自治地方。全省还有18个畲族乡(镇)，分布在13个县(市、区)，少数民族人口占全村总人口30%以上的行政村有437个(回族村6个)，主要分布在20多个县(市、区)。18个畲族乡(镇)是杭州市桐庐县莪山畲族乡，金华市兰溪市水亭畲族乡，金华市武义县柳城畲族镇，温州市泰顺县司前畲族镇、竹里畲族乡，平阳县青街畲族乡，文成县西坑畲族镇、周山畲族乡，苍南县岱岭畲族乡、凤阳畲族乡，丽水市老竹畲族镇、丽新畲族乡，遂昌县三仁畲族乡，龙游县沐尘畲族乡，云和县雾溪畲族乡、安溪畲族乡、松阳县板桥畲族乡，龙泉市竹垟畲族乡。18个畲族乡(镇)总人口为162 568人，其中畲族人口36 368人。景宁畲族自治县和18个畲族乡(镇)的少数民族人口共5.23万人，只占全省少数民族总人口的四分之一。

本章主要介绍景宁畲族自治县大均乡伏叶村、大均村、泉坑村、李宝村休闲旅游发展中的社区参与式治理，以及遂昌县三仁畲族乡好川村这一农业主导型乡村的社区参与式治理。

第一节　聚居性畲族农村休闲旅游发展中的社区参与式治理

——基于浙江省景宁畲族自治县大均乡伏叶村、大均村、泉坑村、李宝村的实地考察

2016年2月，在国家旅游局公布的首批创建“国家全域旅游示

范区”名单中,丽水市名列其中。在2017年浙江省两会报告上,全国人大代表、浙江省旅游局局长认为“全省就是一个大景区”,在这次两会上,“全域旅游”首次被写入政府工作报告。在“全域旅游”观念深入全市、全省民心的背景下,位于丽水市的景宁畲族自治县,作为全国唯一的畲族自治县,以其浓郁的民族风情、优美的生态环境,成为周边地区居民休闲旅游的好去处。

一、大均乡①及其休闲旅游发展概述

（一）大均乡概况

大均乡位于景宁畲族自治县西南方,距县城12公里,乡域面积86平方公里,东南有澄照乡,西南是梧桐乡。地处瓯江上游支流小溪溪谷地带,有“两山夹一水”的说法。大均乡辖大均、洋坑、泉坑、伏叶、大赤坑、梅山、三格、新亭、李宝9个行政村,60个自然村,户籍人口4 479人,其中畲族人口1 524人,占乡总人口的34%,居全县之首。大均乡被评为“国家级生态乡镇”“国家AAAA级旅游景区”“中国畲乡之窗”“浙江省美丽乡村示范乡镇”“浙江省森林城镇”“浙江省体育强乡”“浙江省书法村”“浙江省气象防灾减灾标准化村”以及“浙江省农家乐特色乡镇”。

1. 调研村庄简介

（1）大均村

大均村是大均乡政府所在地,是“中国畲乡之窗”国家AAAA级景区核心村。全村共128户333人,耕地104亩,山林3 530亩,是秀丽山水间的幽静小镇,是畲乡风情聚集地,享有“小溪明珠”“景宁最高学府”“浙南芙蓉镇”等美誉。

全村共有农家乐16家(三星以上12家),被评为“浙江省农家乐特色示范村”和“浙江省特色旅游村”。村内风光秀美,畲族风情浓郁,该村以“古樟迎客”“澄潭印月”“龙岗叠翠”“成美廊桥”“明清商贸古街”“浮伞寺”等景点为依托,发展乡村旅游业,将畲族风情、自然景观、生态环境三者融为一体。

---

① 有关大均乡的基本情况介绍由大均乡政府工作人员提供。

（2）李宝村

李宝村距乡政府7.5公里，辖9个自然村，共169户503人，其中畲族493人，占全村总人口的98%，是全县为数不多的纯畲族村寨。全村有山林8 417亩，耕地430亩。在村支书雷刘东（全国劳动模范）的带领下，李宝村先后获得“浙江省农家乐特色示范村”“浙江省美丽宜居示范村”“浙江省科普示范村”“丽水市首批知名生态养生基地”等多项荣誉，为全国首批少数民族特色村寨。李宝村四周群山连绵，植被茂盛，是“畲乡之窗”主题景区的延伸景点。该村畲风浓郁，畲歌、传师、学师、祭祖等非物质文化遗产保存完好，是研究畲族历史文化不可多得的百科全书，还是远近闻名的“畲药材库”“畲医村”。2015年10月，村里引入工商资本创建“云中公社”，实施农旅融合、生态振兴、伦理重建等三大举措，合力打造农村社区致富共同体，探索具有畲乡特色的“小山村大改革”新模式。根据生态容量测算，全村每天接待游客不超过103人，将“绿水青山就是金山银山”践行到实处。

（3）伏叶村

伏叶村距乡政府1公里，村域面积16平方公里，辖9个自然村，有203户823人。村中有耕地913亩，山林31 703亩，其中生态公益林12 002亩。该村先后获得“浙江省民族团结进步小康村”“浙江省农家乐特色示范村”“浙江省特色旅游村”“浙江省森林村庄”等荣誉称号，并于2019年入选“第三批中国少数民族特色村寨”。畲乡绿道、吊瓜游步道、娃娃鱼基地、清代廊桥、连心铁索桥等景点吸引了大量游客。近些年伏叶村旅游业发展势头良好，越来越多的青年选择回村创业，农家乐如雨后春笋般破土而出，配套设施也逐渐完善。

（4）泉坑村

泉坑村距乡政府0.5公里，辖7个自然村，共176户626人（其中畲族人口占55%），有耕地628亩，山林17 794亩。泉坑村毗邻“浮伞仙漂”“均潭印月”等景点，是“畲乡之窗”风景区的核心村，也是“畲乡绿道”的终点。自“畲乡绿道”开通以来，泉坑村的优势进一步凸显，泉坑民宿集聚区、农家乐、特色种养等迅速发展。目前，其民宿集聚区内有特色精品民宿 5 家，共有 52 个房间、96 张床位，260 多个餐位。泉坑村山清水秀，风光旖旎，是疗养度假的不二之选。

2. 旅游发展概况

大均乡生态优势显著，气候适宜、山环水抱、风光旖旎、生物物种丰富，被誉为“景宁后花园”。全乡森林覆盖率达 89.1%，空气负氧离子浓度高达 6 000 个/立方厘米，是国家级生态乡镇。大均乡是景宁畲族自治县第一个国家 AAAA 级景区，有得天独厚的自然风光，也有饱含畲族风情的人文景观，素有“中国畲乡之窗”的美称。乡辖区内有“大均八景”，即杰阁撑云、均潭印月、汤尖挺秀、鸦顶开祥、龙岗叠翠、坟树围青、屋崖瀑布、洋滩雪浪。近年来，大均乡党委政府以“打造中国畲乡之窗，建设碧水蓝天小镇”为中心发展乡村旅游。全乡现有农家乐综合体一个（李宝村——云耕生活），农家乐和民宿共 42 家，餐位 2 930 个，可住宿 529 人。其中水碓洋小区已规划为景宁畲族自治县民宿集聚示范区，拥有精品民宿 5 家（房间 52 个、床位 96 张），并配有可容纳 80 人的多功能会议室（2017 年 2 月以前）。笔者在调研过程中深入了解了多家农家乐和民宿，在此介绍几家有代表性的：

2017 年春节过后，笔者在大均乡调研期间入住民宿“浮伞仙居”。“浮伞仙居”店主林孟英告诉笔者，有一天早上她从手机上看到“伏村一叶”的报道，介绍了“伏村一叶”的店主情况，这才知道县总工会推出了一个微信公众号，专门介绍推广当地农家乐和民宿。笔者前往“伏田一叶”调研，巧遇林孟英的同学——在丽水卫生监督局工作的张兆蔚，现在是“丽水山居大使”志愿者组织的成员（不经意间发现又一主体在民宿的发展中发挥着作用）。她通常在周末考察，宣传报道各个民宿，她还鼓励年轻人采取众筹的形式创业。

“听泉山庄”是伏叶村最具影响力的民宿，年轻漂亮、气质好的老板陈艳来自茅阳镇，她和她的姐姐两人投资几千万元合伙开了这家民宿。陈艳之前在宁波开了几年酒店，后来回到景宁开了一年鞋店，之后投资开了“听泉山庄”。她介绍了民宿的经营情况：每年房租30万元，员工工资等支出48万元，加上水电费等，每年大概投入85万元，收益六七十万。酒店的经营很辛苦，大年初五酒店就开始营业了，客房在两个月前就被订满了，都是熟客，强烈要求住这里。她请员工带领我们参观了客房，客房装修得非常高档，不少当地名人住过这里。陈艳觉得自己的民宿对周边民宿的发展有带动效应。

“缘聚农家乐”也具有代表性。笔者调研期间，“缘聚农家乐”的老板说到他们家民宿在春节期间没住满，旁边的另一家民宿经营者便教老板使用微信加入农家乐协会，大家资源共享。后来笔者又去了“山乡凤珠”饭店，得知凤珠是老板的婆婆的名字。老板人比较随和，告知我们这家店是2006年开业的，原先是他的婆婆经营的，他之前在杭州当了一年厨师，2009年回来接手经营饭店，做的是农家味道的菜肴，只放油、盐、味精、生抽，别有风味。房子装修花费了几十万元，每年可赚六七十万元。

伏叶村路口的“小溪梅珍珠”是一家饭店，也是以店主的名字命名的。店主1950年出生，有两个儿子、一个女儿，都在开超市，大儿子在北京，二儿子在山东，说管理着六七十个人，规模相当大。这家饭店经营十几年了，去年儿子翻修了房子，盖成四层，一层是饭店，上面是客房，给我们看了客房记录，客人不怎么多；在访谈过程中，碰到好几家当地人提及有亲戚在外开超市，可见“开小超市”的确是景宁的传统营生。

二、大均乡休闲旅游发展中的多中心参与

大均乡休闲旅游的发展并非一帆风顺，“畲乡之窗”景区自2009年设立以来，曾出现过连续亏损、被红牌警告的情况。“畲乡之窗”景区的经营现状未达到创建国家AAAA级旅游景区以推动景宁畲族自治县旅游产业大发展和经济发展的初衷，存在一些亟待解决的问题[①]。而近几年,特别是自 2016 年以来,当地的休闲旅游业取得了很大发展,笔者了解到,仅 2017 年春节假期间,民宿平均日收入达到万元左右,大均乡的畲族物品小店春节期间每天收入达到一万元左右,卖棉花糖的日收入有两三千元。当地特产黄米粿热卖。小企业主周仁建谈到,他在景区出租的自行车在 8 个月内为他赚了 15 万元。大均乡的休闲旅游业之所以能在短短几年内取得突飞猛进的发展,离不开多中心主体的协同参与。

(一) 各职能部门、乡镇政府的资金投入、指导与监督

景宁畲族自治县农村工作办公室印发了《景宁畲族自治县农家乐乡村休闲旅游发展 2016 年度实施方案》[②],确立了"规划先行、农旅融合、文化引领、培育精品、招商引资"的基本原则,规定了项目申报、实施、评定、验收的时间节点和标准,使农业综合体、农家乐、民宿的经营有章可循。另外,各职能部门给予农家乐、民宿、农家乐综合体、农产品旅游地营销示范网点资金支持,对通过市级考核评定的农家乐综合体给予 70 万~80 万元(包括市级评级为一般的给予 20 万元、精品的给予 30 万元)的以奖代补专项资金补助。对通过农办、财政、旅游等部门考核验收的集聚区民宿和单体民宿新建项目按照每个标准间合格、优良等级分别给予 8 000 元、10 000 元,单间分别给予 6 000 元、8 000 元的以奖代补的专项资金补助。单体民宿提升项目按照每个标准间合格的等级给予 6 000 元补助,单间给予 4 000 元补助。对通过上级农办等部门考核后评定的省、市级特色乡镇给予 10 万元的资金补助;省、市、县级特色村分别给予 20 万元、15 万元、10 万元的资金补助;省、市级特色点分别给予 20 万元、5 万元的资金补助。对通过省、市场、农办考核评定的农家乐四星级、三星级经营户分别给予 5 万元、2 万元的以奖代补专项资金补助。农产品旅游地商品营销网点建成后通过验收

① 郭献进、叶小青:《民族自治地方乡村旅游发展中的参与机制研究——景宁畲族自治县利益主体的协同》,《贵州民族研究》2015 年第 8 期。

② 《景宁畲族自治县农家乐乡村休闲旅游发展 2016 年度实施方案》由县农村工作办公室提供。关于资金投入的介绍均来自来这一文件。

的，按照网点面积在50平方米以内、50～100平方米、100平方米以上分别给予2万元、3万元、5万元的以奖代补专项资金补助。景宁畲族自治县民族宗教事务局（以下简称“民宗局”）印发的《加强少数民族产业发展扶持实施细则》（县民宗局〔2016〕10号）①对畲族经营者的额外补助标准进行了规定：少数民族群众为业主，具民族特色的畲族乡村休闲旅游、农家乐等服务性行业，经主管部门验收合格后，在县级（其他部门）统一补助的基础上，再给予30%的一次性补助。少数民族群众为法人代表的农业休闲观光园，规模达到50亩以上，一次性补助3万元。在县域内注册的畲族工艺品、畲医畲药加工企业，根据企业年度销售额和社会效益，一次性补助1万～5万元。民宗局还鼓励少数民族群众发展电子商务，少数民族群众对地方土特产品进行电商化研发、设计、包装，并通过网络公共服务平台进行销售，对达到一定业绩和具有辐射带动作用的企业给予奖励，具体标准如下：年度销售额在3万～5万（含）元的，一次性奖励2 000元；年度销售额在5万～10万元（含）的，一次性奖励4 000元；年度销售额在10万～15（含）万元的，一次性奖励6 500元；年度销售额在15万元以上的，一次性奖励10 000元。农办、民宗局等部门在资金和政策上的大力扶持，给大均乡农业休闲旅游的发展带来了春天。除了农办、民宗局等职能部门，乡政府也对大均乡农村休闲旅游的发展给予了极大关注。大均乡政府从党委书记、乡长到普通的办事人员，都对大均乡的农业休闲旅游发展津津乐道。景宁每年用在民族工作上的投入资金有1 500万元，分配给8个民族乡。在民宿、农家乐的投入资金上，畲族追加30%，补助力度还是相当大的。在访谈过程中，笔者还了解到，除了严格贯彻落实县农办、民宗部门的相关政策外，乡镇工作人员还发挥了积极、主动的作用。例如，在泉坑村农家乐、民宿集聚区设立之初，为了保证经营者增收，提高经营者积极性，扩大影响力，党委书记柳康华曾经争取让林业部门的会议在这里召开。负责农家乐、民宿的工作人

① 《加强少数民族产业发展扶持实施细则》由景宁畲族自治县民宗局工作人员提供。

员经常深入乡里各个农家乐、民宿体验，与经营者交谈，了解其发展情况、困惑、进一步的需求等；并通过观察游客的反应，以及去其他地方考察，为当地民宿、农家乐的发展献计献策。另外，农办等部门还组织农家乐、民宿经营者代表到台湾等地考察，经营者们纷纷表示打开了眼界，对自己民宿的设计、经营很有启发。

（二）社会组织的积极参与

农家乐、民宿、农家乐综合体等的发展，单靠政府是远远不够的，在大均乡休闲旅游发展过程中，工会、志愿者组织、农家乐协会、民宿协会等也发挥了积极的作用。景宁总工会的微信公众号推出“畅游畲乡”栏目，对景宁的旅游资源进行介绍，其中介绍李宝村的标题是“你耕田来我织布，你挑水来我浇园”，读者看到这个标题就会产生田园牧歌的联想，事实也的确如此，李宝村民风淳朴，夜不闭户，确实有点像“桃花源”。另外，该公众号还推出了“休养推荐”栏目，推送了一批农家乐和民宿，例如伏叶村的山乡凤珠、听泉山庄、新缘聚、田园水梅，大均村的浮伞仙居，泉坑村的家的味道、畲乡人家、珑月居等。笔者正是看到总工会推送的伏叶村的伏田一叶农家乐而前去体验的，其间遇到志愿者“丽水山居”大使张兆蔚女士，得知像她一样，“丽水山居”大使们都利用周末到处采风，宣传报道各个民宿、农家乐。笔者关注了张女士的微信，看到民宿、农家乐在她的镜头下格外美丽，他（她）们还创办了《丽水山居》杂志，图文并茂地介绍农家乐和民宿，让人心生向往。2014 年 5 月成立的丽水农家乐协会，后来发展成为丽水农家乐民宿协会，是会员相互学习、交流的平台，对加强行业自我约束、规范市场秩序、提升服务质量，推动乡村休闲旅游业的转型升级，都具有十分重要的意义。在访谈过程中，浮伞仙居、听泉山庄老板介绍了她们参加丽水农家乐民宿协会组织的农家乐、民宿培训会的经历，表示这对她们的经营很有启发。

（三）微信公众号、朋友圈等新媒体的强力助推

除了总工会公众号，还有“美丽畲乡”“畲乡景宁旅游”“畲乡文化频道”等公众号，对推进大均乡休闲旅游发展均发挥了积极作

用。例如“美丽畲乡”公众号在“景宁大均乡：三大‘特色小镇’打造美丽乡村新样板”一文中介绍道：大均乡立足生态环境优势打造“芙蓉小镇”；立足文化底蕴打造“记忆小镇”；借力全域旅游打造“旅游小镇”。这些介绍颇为吸引游客的眼球。另外，乡镇工作人员以及县委宣传部、畲族文化研究中心工作人员的朋友圈也经常更新一些畲乡休闲旅游的动态，比如关于李宝村“耕读传家——走进畲寨，体验农耕，探询自我亲子夏令营”的介绍，关于伏叶村、李宝村被列入国家第一批绿色村庄名单的介绍，对景宁十大特色民宿评选的介绍，对浙江省十大特色畲寨评选的介绍，对“十里红妆、畲家渡亲”活动、“十七个外国友人共赴李宝寻找年味”活动的介绍等。另外，乡镇工作人员、畲族文化研究中心工作人员还经常在网站上上传一些李宝村、伏叶村、大均村、泉坑村等的自然风光照片以及介绍风土人情、非遗传承的帖子，起到了很好的宣传效果。

（四）民宿、农家乐、农家乐综合体经营者的倾情投入

2015 年年底，杭州实业家卢仲华来到李宝村，开始实施五年实现共同致富的“李宝计划”，他带领村民们逐步实施生态振兴、乡土复原和伦理重建三大分支计划。云中公社在李宝村投入的资金达 1 200 多万元，经一年多努力，2016 年，参与云中公社计划的村民人均增收 8 000 多元，李宝村成为畲民幸福生活村落的典范。卢仲华还设立了“诚信基金”，每年拿出 50 万元发放给 4 个自然村的老百姓，老人过 60 ~ 69 岁生日时，发放 300 元；70 ~ 79 岁生日，发放 400 元；80 岁以上，发放 500 元。在访谈过程中，卢仲华也提到自己的苦恼，初来乍到，他一个人不认识，在发放“诚信基金”的时候，有些农民对此表示反对。另外，部分村民对他实行的“李宝两大怪”也不理解。第一怪：游客限号来。根据《李宝村村民公约》，全村每天最多接待外来游客 103 人。超过这个人数，无论游客出多少钱，云中公社都会客气地告知：“请明天再来。”第二怪：不呼朋引伴。2016 年正月，按照云中公社建议，李宝村召开村民代表大会，最后以全票通过的结果形成了一份新的村规民约。这份村规民约中赫然写着一条：“除过年前后半个月，全体村民不得随意呼朋引伴来

李宝村旅游。”①尽管这是经过村民委员会投票得出的结果，但部分喜欢走亲访友的村民对此不太满意。经过一年多的磨合，卢仲华终于取得了村民的理解和信任。

民宿、农家乐的经营者对新媒体的掌握运用程度不同。畲乡农家乐、民宿的经营者建立了微信群，在2017年春节期间，经营者之间互通信息，客满的农家乐、民宿经营者把客户介绍给其他经营者，互帮互助，但也有一部分经营者因为文化程度的限制，不懂微信的使用，笔者曾亲见浮伞仙居的经营者林孟英手把手地教会另一位农家乐经营者使用微信，并把他邀请入群，以实现信息共享。在笔者入住浮伞仙居期间，林孟英还做免费导游，介绍当地的山水植被、“笔杆、秤杆、竹杆”文化和畲族的各种传说，教笔者说畲语、唱畲歌，看当地的花鼓戏，介绍当地的风土人情，使笔者真正体会到“民宿”的意义所在。民宿不同于一般的旅馆，居住者在与主人的互动中，能体会到当地人的情怀。笔者走访的每个民宿、农家乐，都有茶喝，有番薯干、萝卜干等本地特产享用，甚至有畲家自酿的酒喝，在他们精心准备的畲家宴上亲切地和他们交谈，真正有宾至如归的感觉。

大均乡春节期间村民家宴

① 聂陈杰、王巷扉、沈隽：《一个畲寨的新乡村实践》，《丽水日报》2016年6月12日，第1版。

笔者在2017年2月和7月在景宁县大均村做田野调查，和云中公社卢仲华和小企业家周仁建进行了多次交流。对卢仲华的调研记录：

2017年春节期间，笔者终于见到了传说中的“桃花源”——云中公社的主人——卢仲华，1967年出生的他戴着一副眼镜，斯文又谦虚。他原本从事旅游规划行业，2016年大年初一启动云中公社项目，以实现乡土复原、生态保护、伦理重建的梦想。该项目投资1 200万元，在村中推行古法耕种、古法灌溉。当时有村民不理解，特别是对限制每天不超过103人进村，且需提前预约的公约感到困惑；资金分配过程中时常产生不容易调和的矛盾；“诚信基金”的使用，也因为各种原因，不能够做到百分百公平。快分开时，他很真诚地说道：“其实在这里也会感到孤独。”价值观、人生观的差异，与现代世界表面上的背道而驰，难免使他感觉孤独。2017年7月，笔者再次来到李宝村，卢仲华在观景平台上边带我们看星星，边讲述自己打造第一畲寨的计划。现在李宝村的观景平台已成为景宁全县首个瑜伽户外基地。瑜伽达人们还通过创新的方式将瑜伽与畲族婚嫁习俗结合，以瑜伽会友，让游客参与其中，感受瑜伽和畲族传统婚礼相结合的魅力。

笔者行走于云中公社田间地头

小企业家周仁建头脑灵活，在大均村颇有影响力。他讲了自己的创业经历：

周仁建,1976年出生,初中毕业后开始到外地打工,曾在绍兴、温州从事过餐饮、娱乐行业,经营过食品店、理发店。2000年回到大均村,早先在古街开饭店,后来开了蓝家客栈。那时,或有菜没客,或有客没菜,生意不景气。一次偶然的机会,江苏的大学生来大均村旅游,他很喜欢店里自制的竹杯、竹碗。受大学生启发,周仁建开始做工艺品生意,当时开发出二三十种竹制品。2002年获丽水市旅游商品设计大赛奖,2015年获首届工艺品大赛优秀奖。周仁建表示,以前工艺品都自己做,现在因为生意比较好,而且有其他业务,忙不过来,就从外面购进工艺品来卖。这也是因为以前景区收门票,每人90元,2016年开始景区不收门票,客源比原来增多了。

畲乡绿道开通后,周仁建于2015年10月,花6 000多元买了2辆自行车,开始做出租生意,一小时20元;横店3小时起租,150元。2辆自行车仅2016年元旦第一天就赚了100元。后来增加到8辆自行车。2016年大年初一增加到30辆。短短8个月就赚了15万元。2017年春节期间,出租自行车一天能盈利五六千元,工艺品可盈利3千元。

2017年8月,周仁建开了一家如意算盘店,其灵感源于无人超市的概念,经营算盘、木制品、竹雕等,每个月都有万元左右的收入。

笔者与周仁建夫妇在其工艺品店(右一为作者)

在景宁，像周仁建这样头脑灵活、能够接受新事物，并不断创新的人为数不少，他们活跃了经济，促进了当地经济的发展。

卢仲华是外来工商资本的代表，周仁建则是返乡创业者的代表，他们都为所在乡村社区的治理做出了积极贡献。

（五）政府、企业、学者的精诚协作

在发展农村休闲旅游的过程中，景宁畲族自治县注重政府、学界、企业的联系，他们从 2014 年开始发起“中国畲族发展景宁论坛”。笔者参加了第二届论坛，主办单位为中国人类学民族学研究会、中国社科院民族学与人类学研究所、景宁畲族自治县人民政府；协办单位为浙江大学人类学研究所、厦门大学人类学系、丽水学院民族学院；承办单位为中共景宁畲族自治县委宣传部（基地办）、景宁畲族自治县民族宗教事务局、景宁畲族自治县文化广电新闻出版（体育）局。参加者有进行畲族研究的学者，本地以及福建畲族聚居地各职能部门的代表，各乡镇代表，各企业代表等，在大会上中国社科院举办了《中国民族地区经济社会调查报告：景宁畲族自治县卷》的赠书仪式，并为实践基地挂牌（这是地方与研究机构长期合作的研究成果）。第二届“中国畲族发展景宁论坛”研讨会有以下三个议题：议题一，围绕“乡村建设·精准扶贫”相关议题进行研讨；议题二，围绕畲族文化公共化、“千年山哈宫”内部布局陈展等相关议题进行研讨；议题三，围绕民族服饰的发展等相关议题进行研讨。这些议题与畲族乡村休闲旅游发展均有直接或间接的关联，围绕这些议题，政府、企业、学者展开了充分、深入的讨论，这次论坛对学者的研究、企业的创新、政府的政策制定和执行都有很大帮助。论坛结束后，会议主办方组织与会学者去畲乡之窗以及伏叶村农家乐参观，正是这次会议，让笔者萌生了将大均乡作为田野点进行深入观察和研究的想法。在大均乡调研期间，笔者对乡党委书记柳康华、副书记吴名标等乡镇工作者，各村村委会成员，民宿经营者等利益相关者进行了多次深入访谈。

三、经验及启示

（一）农村休闲旅游发展中应当充分体现畲族文化

尽管“畲乡之窗”有畲族婚俗表演，也有畲族博物馆，还举办了“十里红装，畲家渡亲”活动，李宝村有畲族织带陈列馆，也有让游客体验畲族食物制作及畲族体育的活动等；但整体而言，畲乡的休闲旅游发展中畲族文化元素表现不足，特别是在民宿上。笔者所居住和参观的民宿中，仅有有限的几家体现了畲族元素，比如浮伞仙居，位于浮伞仙祠旁边，让人联想起因为大水无法船渡，把伞倒过来给婆婆送羹汤的马仙。一进浮伞仙居的大门，看到的是倒伞状的灯，右边是店主从各个村庄收来的老物件，楼梯旁边畲族传统民居——寮屋里放着红色的畲族女装。门对面的墙上是一首诗，为宋元时一个县令所写：古渡盈盈欲问津，相传浮伞旧仙真。清溪高曲萦村外，奇石峥嵘镇水滨。如此的景致，加上一旁女主人的介绍，让笔者深刻体会到畲族民宿的畲族特色所在。但有部分民宿与其他地方的民宿没有太大差异，完全感受不到畲族文化的独特性。畲族文化元素应当融入日常生活当中，而不是只在“三月三”节庆等活动期间才有所体现，这样不仅有利于吸引游客，实现当地居民收入的可持续性增长，也有利于民族文化的传承。

（二）部分民宿、农家乐经营者网络营销意识有待培养

当今是信息时代，人们已经离不开网络。如前所述，畲乡部分民宿、农家乐的经营者缺乏网络营销意识，笔者去大均乡调研前，在网络上搜索当地宾馆，只能搜索到有限的几家，这不利于当地农家乐、民宿的发展。营销推广不仅需要经营者的努力，也需要政府的引导，有必要“加强农村社区信息化建设，结合信息进村入户和电子商务进农村综合示范，积极发展农产品销售等农民致富服务项目，积极实施‘网络扶贫行动计划’，推动扶贫开发兜底政策落地”①。

① 《中共中央　国务院关于加强和完善城乡社区治理的意见》，2017年6月12日。

（三）村民参与意识和参与能力有待提高

《中共中央　国务院关于加强和完善城乡社区治理的意见》的一个基本原则是“坚持以人为本，服务居民。坚持以人民为中心的发展思想，把服务居民、造福居民作为城乡社区治理的出发点和落脚点，坚持依靠居民、依法有序组织居民群众参与社区治理，实现人人参与、人人尽力、人人共享”①。从笔者的观察和访谈来看，大均乡农业休闲旅游在发展过程中，只有少数人参与，有一些人处于观望状态，还有很多人仍旧在外打工。在全域旅游的大背景下，为让游离于大均乡农村休闲旅游发展之外的居民积极主动参与进来，除了采用传统的动员方式外，实施“互联网+社区”行动计划不失为一个好的举措，即“加快互联网与社区治理和服务体系的深度融合，运用社区论坛、微博、微信、移动客户端等新媒体，引导社区居民密切日常交往、参与公共事务、开展协商活动、组织邻里互助，探索网络化社区治理和服务新模式”②。

第二节　农业主导型聚居性畲族乡村社区参与式治理

——基于浙江省遂昌县三仁畲族乡好川村的分析

一、三仁畲族乡发展历史及现状

对浙江省遂昌县三仁畲族乡好川村进行调研，缘起于第二届“中国畲族景宁论坛”。在那届论坛上，笔者和来自遂昌县的蓝春起老人进行了交谈，老人介绍了三仁畲族乡精准脱贫的经验，并热情地邀请笔者去调研。老人的介绍在一定程度上也是对三仁畲族乡发展历史和发展现状的生动描述。

蓝春起，出生于 1945 年，是中华人民共和国发展的见证者。他是中南民族大学中文系的老牌大学生，福建人，娶了来自遂昌的大学同学后，两人一起来到遂昌生活。蓝春起最初做了几年老师，后来一直在三仁畲族乡生活。笔者征得蓝春起老人的同意，将其

① 《中共中央　国务院关于加强和完善城乡社区治理的意见》，2017 年 6 月 12 日。
② 同①。

讲述记录于下,以助于将三仁畲族乡的“前世今生”更形象、直观地展现出来。

先谈谈“要搬下山去”。新中国成立后,人民政府把土地分给了居住在山上的“山哈”(指畲族),而且分的都是畈田或小平原地区的“洋田(大垃的田)”。那是山哈第一次当家做主人,有田耕、有饭吃、有衣穿;但生活仍停留于小集体、大锅饭。改革开放后,农村实行家庭联产承包责任制,居住在半山腰的山哈的生产生活受到了一定的影响。例如我生活工作了三十年的遂昌县三仁畲族乡,其中有畲族人口占全村人口55%以上的排前村,有100%畲族人口的成岸自然村和山口村高洋、高书生产队。它们离村中心地点都有5~8公里之遥。当时一担谷要变成大米,要上山下山挑三四个来回:第一次是播种时,要把农家牛栏、猪栏里的有机肥料挑下山搬到田里,一挑就是三四天,多者要一个星期。第二次是割完稻谷要挑上山,放在自家的晒谷场晒干去壳后放入谷仓。第三次是将晒干的稻谷挑下山到村加工厂碾成大米。第四次是把大米挑回家。这样的生产力与生产关系之间的矛盾,大大地束缚了当地生产力的发展和生活环境的改善。所以说这时的山哈下山脱贫,不是“长官意志”,而是他们本身的强烈要求。“精准扶贫、山哈下山脱贫”不是政治口号,也不是政治运动,而是一个系统工程,需要政府有关部门的大力支持。关于下山建房地址的土地资源问题,遂昌县国土局有位负责人曾经算过一笔账,山哈住在山上,一幢房子(包括厨房)占地面积较大,再加上柴寮、猪、牛栏、厕所等附属建筑,每户平均占地350~400平方米,搬下山后,地基由地方政府统一安排,房屋建筑一般2~3层,占地100平方米左右,再加上其他附属建筑,一般不会超过150平方米。搬下山后,把山上的废弃地基再开发为耕地,一对比,土地资源反而增加了。

再谈谈发家致富。浙江省民族宗教委员会1999年1月出版的《浙江省民族乡(镇)概况》一书中记录,畲族人口占全乡总人口26%的三仁畲族乡,1997年人均收入才2 106元。在全省畲族乡(镇)中排名第四,距全省的平均收入水平还相差甚远。我们从

1997年开始在排前村、成岸自然村开始试点下山脱贫。到2015年为止，该村已下山43户，人口达162人；沙口村高洋、高书两自然村下山15户，52人。2015年人均年收入达13 086元，是1997年的6倍多，每家每户都盖起小别墅式的小洋房。这个年人均收入1.3万元的数据是不掺水分的，而且是“缩水”的。这里的山哈有田（人均0.9亩）、有山，全乡林业用地83 773亩，毛竹山30 000多亩，人均3亩多。过去山哈住在山上，由于信息不通，再加上受到自给自足的小农经济的束缚，毛竹山管理停滞在原始耕作阶段。冬笋挖得很少，几乎都是自家食用或送亲戚朋友，很少拿到市场上去销售。现在用现代化科学手段管理毛竹山，每年七八月份开始清除毛竹山的杂草、杂木，将它们变成有机肥，这叫“七月挖金、八月挖银”。现在交通方便了，行情也变了，冬笋和春笋的个头大，每年挖的冬笋和清明前后挖的春笋或由小商小贩上门来收购，或送村电商服务点去销售，或直接自村办收购点连夜启程运往金华、义乌、杭州、上海等地市场。冬笋从过去的烂在山上到现在每公斤卖到15~20元，创造了巨大的经济价值，春笋更是如此。毛竹林也是一样，每亩可砍毛竹3 000多斤，每公斤售价28~35元。根据抽样调查，冬笋的亩产值可达420~450元，春笋的亩产值可达500~550元，毛竹的亩产值可达1 000~1 200元。可以乐观地说，通过销售冬笋、春笋、毛竹，毛竹山所创收的年收入可达6 000~7 000元，还能销售茶叶、杂交稻制种、干果、瓜果、木材（主要是杉木）、高山蔬菜等，三仁畲族乡的人均年收入是远远超过1.3万元的。再加上剩余劳动力会在农闲时节进城打工（仅距离县城10公里左右），所以说人均年收入1.3万元仅是保守数字。最近，中央领导指出“脱贫攻坚战，不让少数民族乡村掉队”。三仁畲族乡有8个行政村（由原14个行政村合并而成），乡政府所在地的高碧街村利用地域优势，部分农户办起农家乐“山哈风味食府”，他们从高山搬到山下居住，利用山上的废弃地种高山蔬菜。在小忠村、大觉村，除了毛竹山，茶叶制种也成为该村第二主导产业。坑口村办起电子商务服务点，把本地的特产如遂昌长粽、黄米粿、冬笋、春笋等通过网络销售至全国各地。好川村利用发现并挖掘的4 000多年前的好川古文化遗址开发农家乐，让前来参观的人们有歇脚的旅馆、有吃饭的餐厅。

最后谈谈安居乐业。抓好文化基础教育是关键。没下山之前，孩子早晨上学家长要护送，晚上放学学校老师要保航，下山后孩子、家长、老师都丢掉了一个沉重的“包袱”。下山的山哈孩子上得起学，有书读，能够读完小学、初中九年基础教育。再者是卫生防疫保健工作。过去往往是小病拖一拖，实在拖不过去，才叫亲戚朋友抬下山去医院治疗。现在下山居住后，首先动员大家百分之百参加“新农合”，使山哈看得起小病，也看得起大病，不会因病返贫，改变了过去小病拖，大病抬，生场大病破家财的局面。同时卫健委等部门要为山哈的个人健康建立档案，使山哈同胞感受到下山后，更加关怀、更加爱护、更加体贴的党和政府。

二、参与式社区治理的好川经验

好川村位于浙江省丽水市遂昌县三仁畲族乡，距离县城仅12公里，交通便利，遂昌西部交通主干道穿村而过，10个自然村村道实现公路硬化。三仁畲族乡地处瓯江水系，是松阴溪支流的源头之一，该乡地理条件相对优越，一直是浙南的粮食、木材、竹笋生产基地之一。1999年，三仁畲族乡通过丽水地区验收组的验收，成为遂昌县第一个小康乡。2010年经村规模调整，将14个行政村调整为8个行政村，截至2011年年底，全乡辖行政村8个，自然村78个，村民小组（生产队）101个。全乡农村总人口8 362人，户数2 410户，其中，畲族人口2 157人，占全乡总人口的26%，分布于6个行政村，是遂昌县畲族人口比例最高的乡镇，也是浙江省18个少数民族乡镇之一①，入选国家民族事务委员会第三批“少数民族特色村寨”。好川村是其中的一个畲族村。全村364户，总人口1 045人，其中畲族人口289人，占全村总人口的27.7%。好川村因1997年的重大考古发现而引起人们关注。距今4 000多年的好

① 三仁畲族乡的基本资料由三仁畲族乡政府工作人员提供。

川文化遗址发现，填补了浙西南新石器时代考古的空白。好川村主导产业为笋竹、茶叶、杂交稻制种，另外有部分村民种植四季豆、青钱柳；其竹林种植面积4 193亩，茶叶种植面积1 124亩，2016年农民人均纯收入达14 875元[①]。好川村虽然有10个自然村，但本村人习惯将其分为三部分，分别为好川、梓里、际上，其村庄规划也分为这三部分，因此本文也从这三部分对好川村进行分析。好川村的人均收入比起江浙沪一带的经济发达村庄不算很高，但村民安居乐业，仅有20多个年轻人外出打工，其他村民或以茶叶、竹笋、杂交制种水稻为生，或以加工竹制品、茶叶为生，或以电商为生。好川村村民之所以能够安居乐业，与其社区治理能力是密切相关的。

在好川村的社区治理过程中，各利益相关者都发挥了一定作用。

（一）党员带头，村民积极参与

好川村位于山区，曾经积贫积弱。宋樟才老先生曾于1997—2004年在村里任主任，他说："那时村里真是穷，连一张红纸都买不起，村民都在山里种毛竹，肩挑背扛，很是辛苦。"他在任期间修了一条公路，占地1 200亩。根据测算，每亩地要收35元，其中15元作为集体基金，20元作为修建公路的费用。当时他们找每家每户签字，做了大量思想工作，非常不容易。公路修成后，村民生活有了很大改善。人们的生活渐渐富足起来，交通渐渐便利起来，但整个村庄仍存在脏、乱、差状况，好川村借"五水共治""六边三化三美""洁净乡村"建设等契机，在乡和村两级党组织的共同努力下，全村党员凝心聚力参与大小项目建设及村容村貌整治。全村齐心协力拆除违章乱搭建筑、修建好川文化礼堂、新建游步道、修建五处生态堰坝等。2015年，赤膊墙粉刷，溪两侧游步道修建、老宋根雕艺术馆、工字围栏、绿化、遗址游步道及简介牌等16个项目在好川村落地生根；2016年，村庄入口文化墙修建、仿古廊桥新建项目

① 好川村的基本资料由好川村委会提供。

也接踵而来。笔者在2017年2月、7月两度到好川村调研,看到村里流水潺潺,听到仿古廊桥早上、中午、傍晚都有村民聚集的欢声笑语,目睹本村吴姓村民创办的茶叶加工厂在上午时分收购村民当天新采摘的茶叶。

好川廊桥茶叶收购场景

在好川村部分村屋前,尤其是在穿村公路两侧民居的屋前,青砖围墙排列整齐,庭院内鲜花盛开,好川村成为名副其实的“花样村庄”。在“花样村庄”创建过程中,好川村的党员身先士卒,带头砌围墙、种花养草,并进行明确的责任分工,确定好哪一路段、哪几户由哪个党员负责,负责的党员每天都要督促户主尽心护理鲜花,使其不流于“形象工程”,偶有户主顾不上的情况,这些党员就帮助户主给鲜花浇水。在“六边三化三美”行动中,11名党员联络公路沿线47户人家,对乱堆乱放现象肩负起提醒之责。由于党员和农户一般是亲友或邻居关系,所以问题很容易处理。在此我们可以看到村庄事务的特殊性,人情伦理在其中依旧发挥着不可替代的作用。党员的服务意识体现在很多方面,在村庄整治过程中,为了使村庄整齐,乡政府提出要拆除屋顶的蓝棚,以党支部书记占峰、村委会主任李慧芬为首的“两委”成员,牺牲晚上休息时间,不厌其烦,一遍一遍地去住户家做思想工作,动之以情、晓之以理。2017年7月,连降大雨,山体坍塌,际上有一户人家家中堆积了大量的淤泥,给那家人的生活带来极大不便,好川村全体党员齐上阵,花了两天多时间,义务清理堆积的淤泥,笔者也参加了这一行动,那家人深受感动。好川村的村“两委”就是靠自身的点点滴滴行动，发挥了榜样带头作用。每个月 15 号为党员活动日，党员都会深入各家各户，进行政策宣传，解决村里棘手的事情。比如 2015 年，每个党员活动日几乎都要进行垃圾清运。在党员的宣传和带动下，村民渐渐达成了共识：环境变好了，最终受益的是老百姓。关于这一点，“好川人家”“味到家”两家农家乐经营者深有体会。好川村依托群言栏设立了群众“挑刺团”和项目建设监督团，邀请村民作为“挑刺员”和“监督员”参与社区治理工作，村民积极参与其中。有一次“挑刺团”成员尹利慧发现好川电站违章搭建和乱堆放问题严重，且迟迟得不到解决，便拍照放在群言栏里。笔者在调研过程中，就这一事件与尹利慧进行了交谈，她回顾了当时的情形，说群言栏发挥了很大的作用，乡里和村里的工作人员都很重视，这个问题一周之内就得到了解决。村里生态堰坝完工后不久，就出现坝底渗水的情况，接到村民反映后，村委会第一时间便与施工方进行沟通，很快消除了安全隐患。村里的文化礼堂丰富了村民的业余生活，但住在近处的老人希望能早点休息，表示文化礼堂的音乐声会影响到他们的睡眠，村两委和文化管理员立即调整了活动时间，将晚上关门的时间提前到夏天晚上八点半、冬天晚上八点，这样既保证了大家有丰富的精神生活，也不影响村民的生活安宁。村里重大事务的决策、实施、监督都要经过村民大会或村民代表大会、监事会等，通过“一事一议”程序，反复沟通、磋商，能够做到满足民情民意。党员严以律己，在好川文化礼堂外墙上，有党员贿选被警示并开除党籍的信息，也有党员违建、屡教不改被开除党籍的信息。

（二）文化引领，乡贤强力助推

1. 文化引领

好川村做到了《中共中央　国务院关于加强和完善城乡社区治理的意见》所倡导的“加强城乡社区公共文化服务体系建设，提升公共文化服务水平，因地制宜设置村史陈列、非物质文化遗产等特色文化展示设施,突出乡土特色、民族特色”[①]。好川村依托文化礼堂这一公共文化平台,注重对好川文化和畲族文化进行展示和弘扬,并注重丰富村民的业余文化生活,村里还建有好川文化陈列馆、老宋根雕艺术馆。农村文化礼堂建设是浙江的一个创举,该项目自2013年启动以来,截至2017年8月,全省已建成7 477个农村文化礼堂。在浙江省文礼办的指导下,由浙江日报、浙江在线主办的“中国人保·全省文化新地标推选展示”活动于2017年11月18日揭晓结果,评选出50个“示范文化新地标”和100个“优秀文化新地标”,其中好川礼堂被评为“优秀文化礼堂”。好川礼堂位于村庄口,古典雅致,建筑外观有浓浓的文化气息和民族风情。礼堂里面有“六星文明户”创评榜,包括创评标准和创评结果,以及“孝老文明星”“生态文明星”“爱心文明星”“致富文明星”“文体文明星”“信用文明星”六星的评比,该创评榜通过宣传道德模范、好人好事,成为实现“乡风文明”的有效途径。礼堂的功绩廊、励志廊里有英雄、寿星、荣誉、乡贤榜,激励村民向上向善。礼堂中还展现了好川村村训——正德行、敦孝悌、睦邻里、务勤奋、持节俭、重修养,以及76户的家训,比如“得意盎然,失意泰然”“处事谦让,待人诚信”“勤为本,德为先,和为贵”等,村训和家训无不体现了好川村淳朴敦厚、勤奋俭朴、以和为贵、诚信为本、知足常乐的民风。文化长廊展示了好川文化、畲族文化、根雕文化。好川文化部分介绍了农耕文化、好川遗址文化;畲族文化部分介绍了畲语、畲歌,走竹马、跳竹竿、滚石磙等畲族传统文体活动及村民在各大民族文体赛事中所获得的成绩。村史廊介绍了好川村的历史沿革、区位概况,以及张氏宗祠、邓氏宗祠、宋氏家谱。好川文化礼堂对弘扬与宣传社会主义核心价值观,树立良好的道德风尚,起到了至关重要的作用。另外,以文化礼堂为场所,村里展开了各种文体活动,最经常开展的活动是跳广场舞,村民纷纷表示:“以前晚上没事干,就聚在一起打牌,打麻将。现在音乐一响,我们就在文化礼堂集合,跳跳

① 《中共中央　国务院关于加强和完善城乡社区治理的意见》,2017年6月12日。

舞，出出汗，晚上洗个热水澡，睡得很舒服，第二天一大早去地里干活精神抖擞。”文化礼堂还组织戏剧表演、畲歌学唱等活动，每年一度的好川春晚成为附近村庄的文化盛事。还有从 2018 年开始的“中秋品月”活动，包括旗袍走秀、竹竿舞体验、彩带编织体验、滚石磉表演、月光晚餐、赏月晚会，活动当天会给村民提供麻糍、苎麻果、千层糕等小吃，组织村民参观好川遗址陈列馆、老宋根雕艺术馆、畲族彩带陈列馆、畲族文化长廊、石榴子园，开展民族团结进步知识有奖答题等活动。这对丰富好川村村民的文化生活，扩大其对外影响，弘扬传统文化和畲族文化，促进民族团结进步都具有一定的推动作用。村里组建了腰鼓队、戏曲表演队、“舞者之家”广场舞队等队伍。县里还从村级文化礼堂里选送优秀节目参加全县文化礼堂的节目展演，笔者在好川村调研期间，村民正在排演《金陵十二钗》。村里还有与其他市县（区）、村庄共同举办的文化走亲活动，促进了与周边村庄的交流。好川村文化礼堂除了开展教授村民唱歌跳舞等文艺活动外，也积极开展妇女健康、农业技能培训等各式讲座，举办“奔跑遂昌精彩故事”“奔跑吧，记者”等各类活动。例如，“春泥计划”暑期夏令营活动，让大学生志愿者为忙于农活的家庭代为照看儿童，为期两周。该活动缓解了忙于农活、无暇照顾假期中的孩子的父母的压力，提高了孩子们完成暑期作业的效率，让孩子们学会一些手工、进行一些文体活动，还促进了孩子们之间的交流，也为大学生志愿者提供了很好的锻炼机会。

好川文化礼堂

好川文化礼堂月月有活动，以 2013 年为例，开展的活动见表 4-1。

表 4-1　2013 年好川文化礼堂每月工作建议

月　份	内　容
1 月	1. 形势政策宣传教育 2. 乡风评议活动（评年度实事大事）
2 月	1. 春节祈福迎新礼仪活动 2. 春节联欢活动
3 月	1. 道德主题实践活动 2. 科普宣传教育
4 月	1. 清明祭祀活动 2. 乡风评议活动（评陈规陋习）
5 月	1. 创业创新宣传教育活动 2. 法律法规宣传教育
6 月	1. 端午民俗文化活动 2. 环境保护宣传教育
7 月	1. 庆祝建党主题活动 2. 形势政策宣传教育
8 月	1. 儿童开蒙礼仪活动 2. “春泥计划”暑期夏令营活动
9 月	1. 全民读书活动 2. 中秋主题活动
10 月	1. 庆祝国庆礼仪活动暨“成人礼” 2. 重阳敬老礼仪活动
11 月	1. 形势政策宣传教育 2. 消防、人口与计生宣传教育
12 月	1. 乡风评议活动（评好人好事） 2. 村年度文化活动

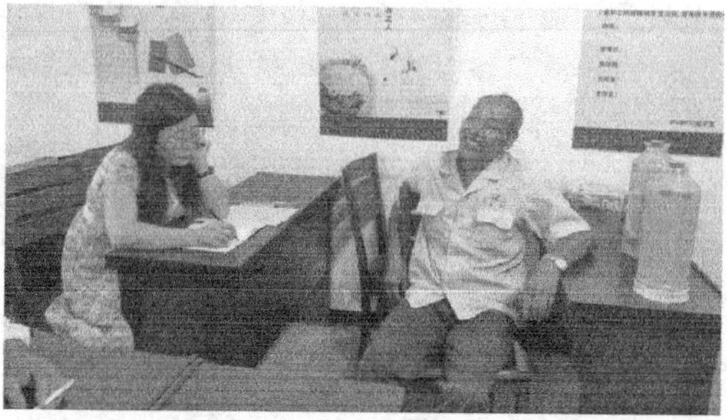

笔者在好川文化礼堂与村委会成员座谈

好川遗址陈列馆对好川遗址文化进行了详尽地介绍和展示，好川文化上接良渚文化，下连马桥文化，乃瓯江文化之源头，历经4 000多年的冲刷积淀，汇成今日好川文化的丰盈博大，仪态万千。好川文化于1997年被发现，获当年全国十大考古新发现提名奖，2013年被核定为第七批全国重点文物保护单位。好川文化发现20周年特展于2017年12月4日—2018年1月30日在西湖博物馆展览，共计展出文物200余件套，其中有一级品2件套，二级品9件套，3级品18件套，提升了好川文化的知名度。

2. 乡贤推力

文化引领作用得以发挥，离不开乡贤的助推。“‘乡贤’泛指乡中贤德之人，比如说德高望重的还乡高官、耕读故土的贤人志士、农村的优秀基层干部、道德模范、热爱家乡反哺桑梓的成功人士等，他们成长于乡土、奉献于乡里，在乡民邻里间威望高、口碑好，他们的嘉言懿行垂范乡里，涵育文明乡风。”①

宋樟才老人的老宋根雕艺术馆是三仁民族小学的实践基地，每学期都有两批小学生来这里参观，在宋樟才老人讲述并展示根雕技艺的过程中培养动手能力。根雕艺术馆是由宋樟才老人创立的，笔者见到宋樟才老人的时候，他刚从乡政府回来，准备在自己的根雕馆一层继续展示根雕；二层作为畲族博物馆，进行畲族工艺

① 陈秋强：《乡贤：乡村治理现代化的重要力量》，《社会治理》2016年第2期。

品展览，包括织带馆，请省级非遗文化传承人蓝咏梅来教、传织带技艺；三楼作为书画展览馆。蓝春起老人同样年过七旬，精神矍铄，笔者与其相识于景宁畲族论坛上，他诚邀笔者去遂昌调研。蓝春起老人曾任三仁畲族乡副乡长，驻好川村，对好川村了如指掌，他为好川村的畲族文化保护和传承颇费心血，积极支持其女儿蓝咏梅去好川村传习织带技艺；同时他还介绍了景宁畲族自治县和福建省关于畲族文化传承的经验给好川村和县民宗局工作人员，提出乡村发展的建议。现任遂昌县民宗局局长蓝水林，畲族人，对畲族文化有着深厚的感情和颇深的研究，其书法非常漂亮，办公室贴着自己写的畲歌《高皇歌》。他不遗余力地宣传畲族文化，积极参加好川村的各项文化活动，在好川春晚用自己的书法展示畲族文化，积极宣传好川中秋赏月活动，对民族学及其他学科的研究者、学生、老师都很友好热情。前好川村书记雷永伟，现在虽然在县城做生意，但心系好川，牵挂着好川的父老乡亲，从其言谈可见他对好川畲族文化的传承与好川可持续发展颇为关注。

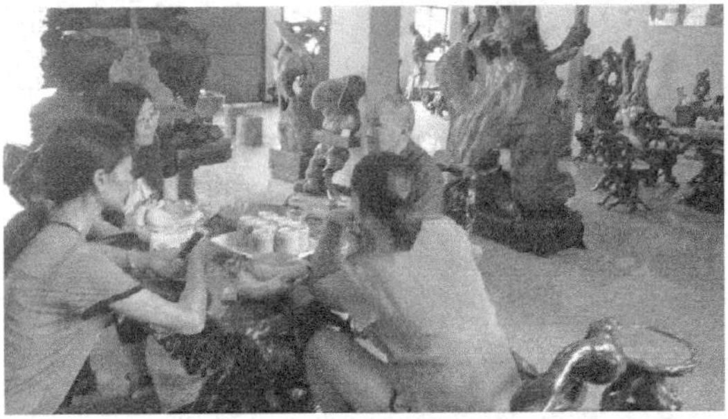

笔者在宋樟才老人的根雕艺术馆访谈

宋樟才老人的访谈记录：

宋樟才，1941 年出生，当时完小毕业，相当于现在的初中学历。他年轻时当过赤脚医生，去过杭州园林打工，当时觉得根雕好看，就开始学习根雕技艺，后来回到好川村，就从山里面找材料制作根雕。宋樟才的根雕有两种类型，一种是尽量保持树根原形，根据样子取名字；还有一种是实用型的，如茶椅茶具，一套一万元左右。

宋樟才目前在申报项目,装修大概要花费三四十万元,但是他认为要做就做好,做出文化品牌。

村民尹利慧的访谈记录:

村民尹利慧和笔者讲起畲族文化传承,提到好川文化,她表示一定要扩大好川文化影响力,文化根基是在的,但现在缺乏宣传。尹利慧还谈到老年人协会、世界旗袍协会遂昌分会等社会组织。她负责计生协会工作,经常开展一些教育类的活动,比如育龄妇女体检、保健。尹利慧自己家里开办有茶叶加工厂,但她觉得如果离开村庄,就没办法兼顾文化礼堂还有计生工作,所以就留下来了。

尹利慧曾经在广东工作过,见多识广,热情大方,对村庄公共事务非常热心。像她这样的有志青年,为村庄治理注入了生机和活力。

(三)信息平台完善,公共服务供给充足

遂昌县这个浙西南的小县城,近几年成为华东地区"洗身、洗心、洗肺、洗胃"休闲疗养的好去处,同时以农业信息化服务、电商著称。遂昌县信息基础设施完善,以此为平台所能提供的公共服务也较为充分。

政企社共建模式提供便民服务。2012年9月遂昌乡(镇)、村便民服务标准化试点正式立项,以便民服务中心为依托的便民服务不断完善。政企社共建模式实现了政府主导、企业运营、社会参与,依托农业农村部信息入户工程,引入嘉言民生事务服务有限公司创建益农信息社,使便民服务中心的服务由原来的行政服务扩展到公益服务、电商服务等。村民可以在信息社直达县级网上服务大厅,快速咨询或直接办理各类事项,包括25个行政部门的138项行政服务事项和31家企业的52项商业服务事项。村民亲切地称呼其为"全职管家",农民的社保、话费缴存、小额存取款、农产品买卖、日常消费品购买等都可以在便民服务中心实现,便民服务中心有专职代办员,便民服务企业嘉言民生事务服务有限公司还配备了通往各乡村的便民服务车,极大地方便了村民的日常生活。

在洁净乡村创建活动中,遂昌县全面建立了县乡村长效保洁管理机制,每年投入不少于1 000万元的洁净专项资金,全面推进农村环卫配套建设,开展乡镇垃圾清运,实现了"户集、村收、乡镇转运、县处理",农村生活垃圾收集处理率达100%。同时每月对各乡镇的洁净乡村工作进行明察暗访、督查评比,好的上榜表彰、差的公开批评。2014年9月,浙江省遂昌县农村垃圾分类管理规范审定会通过了地方标准《农村垃圾分类管理规范》。该标准在全国开创了先例,意味着遂昌县农村垃圾分类管理将有章可循,全国首个农村垃圾分类管理规范审定会在遂昌召开。洁净成为好川村村民的共识。

农业技术服务渠道畅通。"县级设立农技110服务中心,并创建遂昌农业信息网,建立农技110信息服务站20个,实现乡镇(街道)全覆盖,村级农民信箱联络点203个,农民信箱村级网站203个,农民信箱注册用户超过10 000户,基本形成了上联农业农村部和省、市农业部门,下联涉农部门、农业企业和种养大户的农业信息服务体系,构建起全县农业信息收集、发布、交流的主要渠道和组织形式。"①另外,"建成县级12316为农信息服务大厅,组建农业产业咨询服务团队,形成农技专家咨询服务体系。一律安装使用'农技通'软件,并接入农民信箱与12316云呼叫平台,为农户提供农技咨询服务,以提高为农信息服务的及时性和有效性。2014—2016年基层农技人员通过该方式提供农技服务16 000多人次"②。在好川村调研的过程中,村民多次提到农业技术培训,特别是金爱武老师的讲座,村民亲切地称呼其为金教授。培训和讲座的主题都是与村民日常种植有关的事务,比如竹子如何长高、如何长长,如何增加竹笋产量等。村民也提到经常能收到"农技通"发送的消息,可及时掌握农业技术和农技信息。

遂昌电商在农村电子商务事业发展过程中也发挥了很大作用。遂昌电商从2006年的小小竹炭开始,于2010年成立网店协会。自2015年以来,遂昌构架起网店协会、赶街(国内领先的农村

① 罗春华:《农业信息化建设之遂昌样本》,《农业网络信息》2017年第5期。
② 同①。

生活服务平台，由浙江赶街电子商务有限公司提供）、嘉言民生（由遂昌嘉言民生事务服务有限公司提供，该公司与多家零售商和代理商建立了长期稳定的合作关系）并驾齐驱的农村电子商务新格局。先后举办全国农村信息进村入户推进会和全国农村电子商务现场会，每个村庄都有便利店加盟赶街集团，好川村的宋春法农资服务店就是这样的一个便利店，其为村民农资产品销售创造了便利条件。另外，村里有好几个大学生毕业后开起网店，将当地的农产品通过网络渠道卖出去，收益相当可观。这既解决了就业问题，又解决了当地农产品的销售问题。2012 年 7 月遂昌县被确定为浙江省农业标准化综合示范县创建点，农业标准化建设保证了农产品的质量，进而使农产品电子商务得以可持续发展。

另外，老年人协会、计生协会、社区卫生院、老人日间照料中心等也为村民提供公共服务。村里 60 岁以上的老人有 239 人，占总人口的 22%。村里会举办老年电大，并定期举办一些针对老年人的文体活动。小康公司每天中午为老人日间照料中心送午饭，只收成本费，这样就使高龄老人的子女白天能够专心于田间地头的农活。计生协会经常举办一些教育类的活动，比如育龄妇女体检、保健。好川村有社区卫生院，基本能满足村民的看病需求，并定期为周边村民体检。

三、好川村参与式社区治理进一步发展的方向

如前所述，好川村在社区治理过程中形成了自己的特色，有不少值得借鉴的经验，但也有需要提升的地方。

（一）自治、德治方面都卓有成效，但在法治方面有所欠缺

马克思·韦伯依据大量史料，把合法性来源归纳为三种类型，即传统型、超凡魅力型和法理型。当前，好川党委、村委的合法性主要还是建立在传统的德治以及党委、村委成员个人魅力的基础上。十九大报告明确提出“加强农村基层基础工作，健全自治、法治、德治相结合的乡村治理体系”①。好川村在基层民主建

① 习近平：《决胜全面建成小康社会，夺取新时代中国特色社会主义伟大胜利——在中国共产党第十九次全国代表大会上的报告》，人民出版社，2017，第 32 页。

设、化解基层矛盾方面大多靠党员、村委会成员的个人感召力和以身示范的作用,村民法律意识不足。今后有必要加强村民普法教育,与律师、公证员、基层法律服务工作者建立较为密切的联系。

（二）社区协商机制有待进一步完善

村民协商机制不够健全,虽然有村民大会、村民代表大会等制度,但在村庄事务的协商过程中,还是有一定的随意性,如何进一步发挥老年协会、计生协会以及各种文艺团体等社会组织的作用值得探究。此外,协商缺乏专业性指导,虽然有大学生村官,但很多大学生把大学生村官作为一种职业过渡,待考取公务员、研究生或求得其他谋生之路后,便会离开村庄,笔者在好川村调研时便碰到过这种情况。实现社区自治、社会组织、社会工作的“三社”联动,还需进一步努力。乡贤的作用发挥不足,可以借鉴乡贤理事会乡贤参事会等做法,充分发挥乡贤在村庄治理中的作用。当前,市、县虽然组织社区成员进行培训,但在力度、专业化程度方面远远不够。十九大报告指出要“培养造就一支懂农业、爱农村、爱农民的‘三农’工作队伍”,社区工作人员不仅要懂“三农”问题,而且要懂社区工作本身的规律和要求。

（三）不同群体间的公共服务均等化程度有待进一步提高

公共服务方面尚未实现均等化,际上由于海拔比较高、山路崎岖,夜晚道路黑暗,下山不安全,因此并不是所有村民均能充分享受文化礼堂等公共服务。在访谈过程中笔者了解到,际上的居民表示,文化礼堂刚建立时,他们出于好奇下山去参加过活动,但是不可能经常晚上走山路。从内心来说,他们也很希望能经常参加文化礼堂的活动,但实在是不具备条件。另外,文化礼堂的活动主要是针对女性的,男性参与程度较低,或者只能做观众,如何实现不同自然村、不同性别服务均等化,也是今后值得努力的方向。在访谈过程中,也有几位年老体弱,或文化程度较低、不能熟练使用互联网的村民表示,2016 年年底前因为便民服务中心有专职代办员,生活方便多了。但遗憾的是,2016 年年底,由于企业运营方面的问题，只有极少数村庄的便民服务中心保留了专职代办员，三仁畲族乡就只有排前村还保留专职代办员，大多数便民服务中心由村委会成员每天轮流值班，由于村委会成员事务繁多，再加上不像专职代办员那样经过专业培训，服务质量大打折扣。笔者在访谈过程中了解到，县、乡都希望专职代办员能够恢复，目前也在积极努力中。

（四）“美丽文化”“美丽生态”有待转化为“美丽经济”

好川村如何实现“美丽经济”？在调研过程中，有一位退休老教师说到“好川有美丽生态、美丽文化，却没实现美丽经济”，这不失为一大遗憾。2010 年，国家旅游局发布了《关于确定首批全国旅游标准化试点单位的通知》，遂昌县成为浙江省唯一、全国五个试点县之一。2010 年 10 月 9 日，遂昌县被评为浙江省首批美丽乡村创建先进县。2014 年 4 月，遂昌县入选全国首批美丽乡村建设试点。好川村位于遂昌乡村休闲旅游风景线上，在全域旅游观念的影响下，如何使“美丽文化”“美丽生态”转化为“美丽经济”，将是好川村下一步努力的方向。为此，好川村将遵循所倡导的“依托好川遗址，挖掘文化内涵，创建好川遗址文化村；依托畲族文化和人口，展现畲乡风情，建设畲族梓里文化村；依托优越的生态环境和森林资源，建设际上密林生态村”①，真正把好川文化、畲族文化、生态文化的作用发挥到极致，依托资源，扩建农家乐、民宿，进而建设田园综合体，从而真正实现“美丽经济”。

“现实的村庄治理总是在特定的治理环境中运作的，治理环境是影响村庄治理结构和运作过程、形塑村庄治理模式的重要因素。无论从历史上，还是从现实上，村庄治理的环境都极为复杂，呈现出明显的非均衡性和多样性。”②希望浙西南农业主导型村庄社区治理的经验能够为其他地区的农村社区治理提供借鉴，进而促进我国乡村振兴早日实现。

---

① 三仁乡人民政府、浙江建院建筑规划设计院：《浙江遂昌三仁乡好川村村庄规划（2015—2025）》，2015 年 12 月。

② 卢福营等：《当代浙江乡村治理研究》，科学出版社，2009，第 203 页。

第五章　长三角聚居性少数民族农村社区参与式治理的江苏实践

江苏省有1个民族乡，1个享受民族乡待遇的镇，39个民族行政村（社区、居委会），39个村民组。分布状况为，南京市（1个镇、3个村、1个组/村）：六合区竹镇镇；江宁区湖熟镇湖熟村、江宁区禄口街道石埝社区、溧水区和凤镇孔镇村；江宁区汤山街道阜庄村庄里自然村。常州市（1个村）：武进区雪堰镇城西村。镇江市（3个村）：镇江市丹徒区世业镇卫星村、镇江市润州区润州工业园大桥村、句容市边城镇佴池村。扬州市（1个乡、2个村）：菱塘回族乡仪征市月塘镇龙山民族村、仪征市大仪镇河北民族村。淮安市（3个村）：涟水县北集办事处朱桥村、淮阴区码头镇张庄镇村、洪泽县西顺河镇街西村。徐州市（5个村、2个居委会、3个组）：丰县风城镇北关村、丰县欢口镇欢口村、丰县欢口镇黄店村、沛县龙固镇邵马村、沛县大屯镇大菜村；睢宁县濉城镇后园社区居委会、丰县中阳里街道汇丰社区居委会；铜山县柳泉镇柳泉村回民组、铜山县大彭镇周棚村回民组、睢宁县李集镇东圩社区回民组。宿迁市是江苏省农村少数民族人口最多的地级市，有回族、满族、苗族、布依族、基诺族、彝族、畲族等43个少数民族、7个少数民族聚居村（居委会），共2.4万人。7个少数民族聚居村（居委会）分别为宿城区中扬镇岭桥民族村、泗阳县众兴镇杨集民族村、泗阳县城厢街道东风居委会、泗阳县张家圩镇大元村、泗阳县南刘集乡花井村、泗洪县梅花镇段庄村、沭阳县马厂镇赵庄民族村。盐城市是少数民族散杂居地区，有回族、满族、壮族、蒙古族、藏族等47个少数民族，人口共2万余人，有5个少数民族村和2个少数民族组，即滨海县东坎镇广垛村、响水县张集乡杨回村、阜宁县芦蒲镇左范村、滨海县界牌镇淮河村、射阳县合德镇桃源村；响水县六套乡双民村吴庄组、响水县六套乡六套村一组。流动人口近 4 000 人。连云港市共有 7 个民族村、6 个民族组。7 个民族村分别是灌云县四队镇二队村和付岔村、灌云县圩丰镇圩丰村、东海县李埝乡恰恰村、东海县山左口乡左庄村、赣榆县欢墩镇欢西村、赣榆县黑林镇黑林村，6 个民族组是灌云县圩丰镇圩南村六组，赣榆县沙河镇解放村三组，赣榆县沙河镇下河口村四组、东海县桃林镇桃北村一组、东海县横沟乡罗庄村四组、灌南县堆沟港镇五荡村三组。

本章以南京市竹镇镇竹墩社区、镇江市世业镇卫星村、常州市武进区雪堰镇城西回民村为田野点，竹墩社区是竹镇镇政府所在地，是城乡结合社区，受到城镇化的冲击更大；卫星村原本外出打工人口较多，“空心化”程度比较严重，因其位于世业镇，而世业镇目前正在打造国家旅游度假区，卫星村的发展与世业镇的总体规划协调一致，因此近些年卫星村逐渐在乡村休闲旅游发展方面有所突破。这对于空心村的振兴具有启发意义。城西村位于太湖畔，是全国少数民族特色村寨之一。江苏省一共有 8 个少数民族特色村寨。第一批中国少数民族特色村寨（2014 年）中，只有扬州市高邮市菱塘回族乡清真村；第二批（2017 年）有南京市江宁区禄口街道石埝村、常州市武进区雪堰镇城西回民村、泗阳县众兴镇杨集村；第三批（2019 年）有南京市六合区竹镇镇竹墩社区、淮安市淮阴区马头镇张庄镇村、淮安市涟水县黄营镇朱桥村、镇江市丹徒区世业镇卫星村。在《江苏乡村振兴案例选编》中，城西回民村也被纳入其中。因此，城西回民村不仅对少数民族乡村治理有参考作用，而且对其他多民族地区乡村治理也具有借鉴意义。本章旨在分析城西回民村、竹墩社区少数民族特色文化保护与传承、城西回民村美丽乡村建设、卫星村少数民族特色村寨建设等社区公共事务的参与式治理经验的基础上，揭示其存在的不足，进而尝试提出改进措施，以期为推进江苏少数民族社区民主化进程，促进其善治，平衡文化多样性与现代化提供现实依据,同时为其他多民族地区乡村治理提供经验借鉴及启示。

第一节 社区特色民族文化的保护与传承

——以城西回民村回民马灯,竹镇镇女子高跷、手狮舞为例

少数民族社区的特色民族文化承载着这一社区的历史记忆,是联结社区居民的桥梁和纽带。特色民族文化保护与传承的好坏,关系到社区居民对该社区与本民族的认同感与归属感的强弱,关系到该社区文化本真性与多样性的保持与否。为现代化潮流所裹挟的市场化、全球化汹涌而来,文化产业化、大众化趋势使特色民族文化的保护与传承步履维艰。

一、非物质文化遗产保护状况

非物质文化遗产的保护与传承,近些年来日益受到重视。

(一) 非物质文化遗产及其传承的相关法律规定

2003 年 10 月联合国教科文组织通过的《保护非物质文化遗产公约》对非物质文化遗产的定义为:“非物质文化遗产指被各群体、团体,有时为个人视为其文化遗产的各种实践、观念表述、表现形式、知识、技能以及相关的工具、实物、工艺品和文化场所。”①联合国教科文组织对非物质文化遗产传承主体的规定如下:“缔约国在开展保护非物质文化遗产活动时,应努力确保创造、延续和传承这种遗产的社区、群体,有时是个人的最大限度的参与,并吸收他们积极地参与有关的管理。”②对于非物质文化遗产传承主体,当前在我国尚无统一的界定。2011 年通过的《中华人民共和国非物质文化遗产法》对“代表性传承人”是这样界定的:“(1) 熟练掌握其传承的非物质文化遗产;(2) 在特定领域内具有代表性,并在一定区域内具有较大影响;(3)积极开展传承活动。”③

---

① 文化部对外文化联络局:《联合国教科文组织〈保护非物质文化遗产公约〉基础文件汇编》,外文出版社,2012,第 9 页。

② 同①,第 13 页。

③ 《中华人民共和国非物质文化遗产法》,法律出版社,2011,第 10 页。

联合国教科文组织通过了有关文化多样性和行使文化权利的各种国际文书，1972 年通过了《保护世界文化和自然遗产公约》，2003 年通过了《保护非物质文化遗产公约》，2005 年通过了《保护和促进文化表现形式多样性公约》。1972 年的《保护世界文化和自然遗产公约》从通过到生效历时 37 个月，2003 年的《保护非物质文化遗产公约》历时 30 个月，2005 年的《保护和促进文化表现形式多样性公约》仅历时 17 个月。2006 年 12 月 29 日第十届全国人民代表大会常务委员会第二十五次会议决定，批准了《保护和促进文化表现形式多样性公约》。《中华人民共和国文物保护法》于 2002 年 10 月 28 日在第九届全国人民代表大会常务委员会第三十次会议上修订通过。2004 年 4 月 8 日文化部、财政部联合发出《关于实施中国民族民间文化保护工程的通知》。2005 年 3 月 26 日国务院办公厅发布了《关于加强我国非物质文化遗产保护工作的意见》。2006 年文化部通过了《国家级非物质文化遗产保护与管理暂行办法》，2008 年文化部通过了《国家级非物质文化遗产项目代表性传承人认定与管理暂行办法》等。一些地方性法规也对非物质文化遗产的保护做出了具体的规定。据不完全统计，已有云南、贵州、广西、福建、江苏、浙江、宁夏、新疆 8 个省（自治区）制定了地方的非物质文化遗产保护条例，但现有的法律法规仍存在不完善和相互矛盾冲突的地方。

（二）非物质文化遗产项目的分布状况

众所周知，我国是一个多民族国家，各个民族都拥有丰富多彩的民族文化，各少数民族文化是中华民族文化的重要组成部分。中国国家民委文化宣传司巡视员李建辉在“2014 · 中国西藏发展论坛”上总结道：“少数民族非物质文化遗产保护工作一直受到我国中央政府和各级地方政府的高度重视。特别是 2003 年我国政府启动了非物质文化遗产保护工程，使许多濒临消亡的少数民族非物质文化遗产得到了及时的抢救和保护。”肖远平、柴立指出，到 2014 年为止，“我国是联合国教科文组织《保护非物质文化遗产公约》的缔约国，根据自身的保护实际和具体保护实践，制定了适合我国非物质文化遗产保护和传承的《人类非物质文化遗产代表作名录》(30 项)、《急需保护的非物质文化遗产名录》(10 项)和《优秀实践名册》”。在这些具体名录中,较多是少数民族非物质文化遗产,其中在《人类非物质文化遗产代表作名录》中,有 10 项为少数民族非物质文化遗产,占 33.3%;在《急需保护的非物质文化遗产名录》中,有 4 项为少数民族非物质文化遗产,占 40%。文化部公布的四批非物质文化遗产目录共计 1 372 项,其中少数民族非物质文化遗产为 477 项,占总数的 34.77%。从地域分布来看,西南、西北、东北、东南等边疆地区的非物质文化遗产项目数量较多,其中江苏没有国家级少数民族非物质文化遗产项目。四批代表性非物质文化遗产传承人共有 1 906 人,其中少数民族有 506 人,占总人数的 26.55%。从这一数据可以看出,少数民族非物质文化遗产项目数量,还有传承人数量占国家非物质文化遗产的比例和非物质文化遗产代表性传承人的比例都较高,但都集中分布在少数民族自治地区或少数民族聚居区。在少数民族散居的地区,国家级少数民族非物质文化遗产项目几乎没有,省市的比例也较低。而聚居性少数民族社区由于处于汉族聚居区,长期和汉族杂居,不少少数民族成员面临民族认同危机。对少数民族散居地区和聚居性少数民族社区的非物质文化遗产进行保护和传承,有助于少数民族同胞更好地找到认同感和归属感。

从《江苏省非物质文化遗产保护名录》来看,江苏省分别于 2007 年、2009 年、2011 年、2015 年、2020 年公布了五批非物质文化遗产目录。各批次项目数量分别为第一批 123 项,第二批 112 项,第三批 63 项,第四批 245 项,第五批 288 项。在第一、二、三批非物质文化遗产名录中,没有少数民族项目。第四批中才出现少数民族项目,其中高邮的菱塘回回习俗入选省级非物质文化遗产。常州共公布四批非物质文化遗产目录,其中第一批 26 项,第二批 31 项,第三批 33 项,第四批 25 项。第三批公布名单里,有回民马灯(2010 年)。武进区公布的第一批非物质文化遗产名单里,有回民马灯(2011年)。南京公布的第一批非物质文化遗产有87项(2008年);第二批27项(2012年),还有7项扩展项目,其中竹镇高跷被列入扩展项目;第三批27项(2014年),扩展项目8项,其中手狮舞为扩展项目。

从以上数据统计可以看出,在非物质文化遗产保护名录中,少数民族的非物质文化遗产占了较大比例,但主要集中于少数民族聚居区,比如少数民族自治地方,以及少数民族人口分布较多的西北、西南等地区。江苏省少数民族人口不多,但55个少数民族的人口都有。江苏省的经济社会发展水平处于全国前列,传统文化保持得也较为完整。但从公布的名录可以看出,对少数民族非物质文化遗产的挖掘是不够的。

二、聚居性少数民族农村社区非物质文化遗产保护中的公众参与

在江苏,回民马灯、竹镇少数民族女子高跷、手狮舞是通过列入非物质文化遗产项目的方式进行保护的,少数民族特色体育项目是通过列入民族中学的特色项目建设来进行传承的。

(一) 回民马灯

回民马灯是流传于常州市雪堰镇城西回民村一带的传统舞蹈,产生于元朝大德年间,距今已有700多年历史。其表演具有鲜明的民族特色,活动形式与汉族马灯表演有所不同,以马灯舞蹈为主,武术、滑稽为辅。整个表演程序有八大内容,分别为跑圆场、调八匹、调盾牌、调花瓶、青蛇白蛇、卖鱼婆、调犟马、拾马屎。笔者访谈时,传承人董伯衡老人已去世,另一位传承人韩福松老人回忆他小时候看回民马灯表演时对其总体印象是“场面大,热闹,有内涵”。他讲述回民马灯时非常激动,声情并茂,笔者被深深感染。

以下是韩福松老人对回民马灯的记忆,以及他对之前回民马灯传统濒临失传所表现出的遗憾和对传承可能性的设想:

(我)知道其被列入非物质文化遗产项目,有的表演老人还在。(回民马灯的发展)过程怎么讲呢?上面传下来的。1958年,武进

县县政府(现常州市武进区)对演义文化进行调研,回民马灯在常州广场的演出一鸣惊人。参加表演的以回民居多,还有一部分汉民,他们看了后觉得好玩,便也加入了。(回民马灯表演的)内容丰富,都是乡下老百姓喜闻乐见的东西。场面大,热闹,有内涵。开始在陡门塘表演,后来从本村发展到外村,从本乡发展到外乡。表演者之一董伯衡已有90多岁,前年去世了。回民马灯失传几十年了,非常可惜。

如何恢复呢?(我)觉得文化站非常重视,区里、市里多次打电话和有关的人联系。潘家街上有个老人叫潘林森,90多岁了,文化部门的工作人员曾和我去找过潘大爷谈此事。潘大爷做过预算,10个马灯头,搞些道具,3万块钱就可以了。配套设施也应该可以挖掘得出来。敲锣鼓的(人)也有,打镲的(人)也有,(他们)都80多岁了。还有(表演)走步、花边、盾牌等人都可以找到。马灯也有人扎,以前是纸糊的,四面有纸,里面有蜡烛,现在可用广告布代替,工艺可以改进,可以先扎好放村里。(这个事)讲了很多年,(我们想)和淹城春秋乐园的表演结合起来。因为(回民马灯表演)规模比较大,城西村组织不起来这么大的队伍,可以让老人教专业的表演队伍怎么演。表演需要体力,武功、翻跟斗,老人虽然不能动手和动腿,但可以教他们怎么做。这样就解决了人力、资金两方面问题。(我们)和村里、文化站都交流过。小时候,表演时各家各户尽义务,现在每家每户种田,怎么玩?怎么搞?以前没有麻将、电脑、电视,现在娱乐太多。

镇文化站站长吴建新是这么描述回民马灯的:

调马灯是很遥远的事,中断了有80年。上了年纪的人自己还在扎(马灯),很乐意做(这个事),热情很高。(我)被年纪大的人所感动,(主要需要)通过几个途径解决人力和资源的问题,最主要的是资金问题。目前文广新局在管这件事,觉得主要(的困难还)是资金问题。

回民村的回民书记吕书记讲起回民马灯也是声情并茂。

（二）竹镇高跷与手狮舞

竹镇少数民族女子高跷队以少数民族成员为主，包括回族、布依族、白族、傣族等，他们一部分是这里世居的回族人民，其他少数民族成员大多是从外地嫁过来的。这支高跷队曾多次参加少数民族运动会，在第七届少数民族运动会中获表演类金奖；在 2015 年第十届少数民族运动会中，从 178 个表演项目中脱颖而出，赢得银奖。在 2015 年的表演中，队员们费了不少心思，“滚龙”“腾龙”“戏珠”“游龙”“双龙绕柱”等这些原本在平地上表演的动作，被姑娘们移到高跷上，赢得了不少创意分。在访谈时，文化站站长丁开山这样描述竹镇高跷：女子站在高跷上亭亭玉立，手持舞龙寓意“龙的传人”，有象征性、寓意性。竹镇少数民族女子高跷队在当地家喻户晓，她们在 2014 年南京青奥会上的表演使中外游客都震惊了。笔者 2015 年 7 月底在竹镇访谈时，恰逢姑娘们在如火如荼地训练，炎炎夏日，姑娘们不怕苦、不怕累，她们表示，虽然平时工作、生活繁忙，但都会想方设法参加训练。在训练的过程中，各个民族的成员积极互动，建立了深厚的友谊，也对彼此的习俗、文化有了更深的了解，促进了不同民族之间的交流和融合。文化站站长谈道，政府对这只高跷队投入较大，每个月的投入有七八万元。丁站长认为，少数民族文化要想传承，其一，政策实施，政策是孵化机，要加大各方面对民族文化的认可和支持；其二，各级党委和政府的支持。

竹镇女子高跷队排练现场

笔者(右一)对竹镇女子高跷队成员进行访谈

在20世纪八九十年代,手狮舞没有获得支持,曾经一度失传。2008年有人提议恢复手狮舞。但考虑到一个手狮的成本有两三千元而搁置了。在2013年,一位90多岁的老回民,开始传授手狮的制作工艺及手狮舞的表演,培养了一大批年轻人。手狮舞的恢复,离不开镇政府的支持。为了手狮舞的恢复政府投入了二三十万的资金,并且安排传授人手写了大量材料。如今手狮舞不断在乡村大舞台、各个营业场所进行演出,得到认可。笔者在访谈过程中有老人当场示范了手狮舞表演,并讲述了在手狮舞的恢复过程中,政府的大力支持以及民间艺人付出的种种艰辛努力。

(三)竹镇的少数民族特色体育项目

在访谈过程中,竹镇民族中学校长王锁才讲述了少数民族特色体育项目的发展过程,以及对这一项目发展前景的展望:

少数民族特色体育项目,是2004年引进的,有射弩、蹴球、板鞋竞速、高脚竞速等项目,还准备引进珍珠球。射弩,类似于射箭,是蒙古族的传统体育项目。蹴球是满族的运动项目。蹴球在古代是用石头做的,现在用胶木制成,有两公斤重,在10米×10米的场地中运动,有一整套竞技规则。蹴球是江苏省少数民族传统体育最强项目。

竹镇民族中学是全国少数民族传统体育训练基地之一。全国共有12家少数民族传统体育训练基地,江苏省只有这一家。竹镇民族中学曾派代表队参加过第七、八、九届全国少数民族运动会。但从2015年开始,参加少数民族运动会的运动员必须是少数民族。而竹镇少数民族学生不到学生总数的10%，所以2015年没能参加。我觉得举办运动会的目的是增加相互交流，汉族多参加有好处，可以允许一定比例汉族运动员参加。

为了开展运动，我们从菱塘请教练过来，将项目融入体育课，并且编写了蹴球、射弩教材。

市委书记对竹镇民族中学的体育项目积极扶持。非常遗憾的是竹镇民族中学体育项目受到场地影响，没有训练馆，希望能建一个边长30米的封闭场馆。如果体育馆建成，可以组建两支运动队，不限于培训本校学生，还可以和双峰（南京双峰油泵油嘴有限公司，是全国民族特需商品定点生产企业）合作，学校出场地，双峰出资金，招有运动天赋的人从事相关体育项目。

2012年，（我）在省里开座谈会时提出这个设想。我了解到，在重庆有民间组织、业余组织定期训练少数民族体育项目好多年，水平很高。

三、促进江苏少数民族特色文化保护与传承的对策分析

（一）要加大政府投入

在访谈过程中，南京市六合区民宗局副局长、竹镇文化站站长、竹镇宣传委员、民间艺人都提到了资金投入的重要性，竹镇女子高跷队、手狮舞都得到了政府的大力资助。在城西回民村对回民马灯进行访谈的过程中，非物质文化遗产传承人、文化站长以及几位对回民马灯有着深厚感情的老人，也都提到主要的问题是缺乏资金。

值得庆幸的是，笔者在武进新闻网看到了以下报道："2015年11月25日报道，回民马灯因濒危获得2015年度市级非物质文化遗产保护专项补助资金，计8万元，将用于该项目的保护和传承工作。今年全市对代表性项目共补助3项，每项补助5万~8万元。武进区文化馆工作人员表示，这8万元将用于购置道具，同时组织回民马灯参与各类演出、培养年轻传承人，让更多人了解回民马灯。"

经过回访，笔者了解到，回民马灯传统表演当前已恢复，已在

淹城春秋乐园演出。

（二）纳入旅游体系

竹镇高跷、手狮舞在乡村大舞台多次演出，屡屡得到好评，曾在巴布洛生态谷开业时演出，得到众多游客的关注，还在一些营业性场所开业时助兴演出，在加大宣传力度的同时获得了一定的收益，从而有利于其后续发展。回民马灯传承人、回民村书记在访谈过程中也谈到，可以找到一种行之有效的方式来传承，比如借助在淹城春秋乐园、嬉戏谷的演出来扩大其影响，可以动用专业的演艺人员，让更多人了解回民马灯、了解城西村。但在将其纳入旅游体系的过程中，应注意不能使其完全陷入商业化操作的境地，要保持其民族特色，以免失掉文化本真性。

（三）不同的利益相关者要加强交流和互动

非物质文化遗产由于其受众较少，不能带来较大的经济效益，在市场经济大行其道的今天，很多人不能理解其价值，而理解其价值的人，相互之间的沟通也有限。比如，在关于回民马灯传承可能性的访谈过程中，笔者发现，文化站工作人员、武进文广新局相关负责人、回民书记、传承人以及年长对该项目有深厚感情的人都希望能够将回民马灯传承下去，而且都在积极努力，但由于信息沟通不畅，彼此间存在着一定程度的误解与不信任。笔者作为民族研究学者，参与到这一过程中，力图促进各利益相关者相互交流与互动。各利益相关者有必要坐在一起，针对这一项目的可行性、具体操作程序等方面的内容，进行专门的讨论，这样才能更好地促进回民马灯的后续发展。在访谈过程中，竹镇文化部门负责人表示非常认同这一点，非物质文化遗产的传承受到当地文化氛围、经济发展状况、居民对其重视程度等各方面因素的制约，需要以一事一议等方式来保证其运行。竹镇民族中学也有很好的设想——与企业合作，既解决了资金来源，又有利于促进少数民族和汉族的交往。

（四）加强年轻人对非物质文化遗产重要性认识的教育

在访谈中，很多人提到当前农村的年轻人在工作之余沉迷于网络、麻将，对非物质文化遗产重视不够，回民马灯成了老年人的记忆,似乎和年轻人无关。有必要请传承人或者高校科研工作者讲述这一非物质文化遗产对本民族的意义,组织年轻人积极参与到这些项目中来,进而避免这些项目完全陷入商业化的境地,失去传承的意义。相比之下,竹镇女子高跷队既增强了当地少数民族年轻女性对社区的认同,也丰富了其业余文化生活,让她们走到各地参加比赛,开阔眼界,是很好的尝试。少数民族特色体育项目的普及,对非民族地区的人民群众了解少数民族文化具有重要作用,有利于各民族文化交流与互动。

第二节 美丽乡村建设中的参与式治理

——以常州市雪堰镇城西回民村为例

太湖畔的常州市雪堰镇城西回民村是一个“留得住青山绿水,记得住乡愁”的美丽乡村。对于美丽乡村建设,各地大多从本地的实际情况出发,根据自身对美丽乡村建设的理解,在探索中形成了各具特色的美丽乡村建设模式。城西回民村的美丽乡村建设与少数民族特色村寨建设结合在一起,成为苏锡常地区独特风格的村庄。

一、城西回民村概况

城西回民村坐落于常州市武进区雪堰镇城湾山地区,辖区总面积 5.08 平方公里,现有村民小组 27 个,总人口 2 808 人。全村有回族家庭 96 户,共 326 人,主要分布在陡门、中巷、董家、鲁家、筱坞 5 个村民小组,回族户数占 5 组村民总户数的 70%左右。锡宜公路、232 省道贯村而过,交通便捷,地理区位极佳。城西回民村位于太湖之滨,风景秀美、物产丰富,是常州唯一的少数民族聚居村,有耕地 2 600 亩,山、林地 3 600 亩,还拥有 1 000 余亩梨树园、600 多亩桃树园、1 000 余亩葡萄园、1 150 亩茶园及杨梅园等采摘基地。据历史记载,元代至元年间,从第一批回民南迁定居于城西回民村陡门塘,至今回民在城西回民村已经有 700 多年的历史。明洪武十年,时任常州知府杨敛在其宅舍修建了一座清真寺,又叫礼拜寺。后来他又在现市中心双桂坊修建了清真寺,所以民间有

“先有陡门塘,后有双桂坊”之说,可见城西回民村历史之悠久,以及在常州地区的影响力。城西回民村环境优美,人民生活富裕,昔日的“贫困村”近年来变身“新农村示范村”,实现了脱贫、致富、奔小康的“三级跳”,从多年前的人均收入 3 000 元上升到近年的 25 000 元。先后获得“全国民族团结进步模范集体”“国家级生态村”“江苏省文明村”“江苏省卫生村”“江苏省民族特色村”“江苏省民族团结和谐小康村”“江苏省三星康居示范村”“江苏省社会主义新农村建设先进村”“江苏省最具魅力休闲乡村”“常州市现代化示范村”“常州市最美乡村”“武进区红旗党组织”“武进区十大最美乡村”“2015 年首批江苏省农家乐集聚村示范村”“2019 年江苏省首批乡村旅游重点村”等荣誉称号。在国家民委公布的第二批少数民族特色村寨名单中,城西回民村名列其中。2018 年城西回民村又被列入江苏省生态田园建设试点乡村,同年还被评为“江苏省民主法治示范村”。2019 年 1 月发布的《江苏省乡村振兴案例选编》中,城西回民村被选入其中,城西回民村以《耕读传承家风好》一文入选乡风文明篇章。该村将自然资源与历史人文资源有机融合,以传承家风、弘扬特色民族文化为内涵,始终坚持培育特色文化,以实物、图片等多种形式讲述全村回汉村民融合发展的历史变迁。该村建设了“八德”文化廊,以孝、悌、忠、信、礼、义、廉、耻为基石,宣传中华民族传统文化和道德观。同时,传颂美好的道德故事,传递向善的精神力量,营造共建共治共享的和谐秩序。

二、城西回民村“美丽乡村”建设经验

城西回民村的美丽乡村建设独具特色。

(一)与少数民族特色村寨建设相结合,突出民族元素

为响应创建全国 1 000 家少数民族特色村寨号召,城西回民村对回族聚居区陡门塘自然村进行了体现民族风情的改造,将美丽乡村建设与少数民族特色村寨建设相结合。城西回民村进行了特色民居改造,使陡门塘自然村与周边村庄的民居形成鲜明对比,打造了苏锡常独一无二的、具有异域风情的村庄。该村投入 80 万元

设计建立了城西回民村民族文化馆暨少数民族爱国主义教育基地。陡门塘自然村的伊清阁清真饭店味道纯正，吸引了各地游客，其名菜“手抓羊排”获得2014年武进区农家乐烹饪比赛的“最佳特色奖”，还获得了团体优胜奖，其厨师被评为“优秀厨师”。村史馆分精神家园、乡风文明、民族信仰、团结奋斗等四大部分，立足具有700多年文化传承的回民村庄历史，从追忆、成长、发展3个维度，以实物、图片、文字、影像等形式展示了全村的历史与成就。城西回民村法治展览馆创建于2013年，从史、礼、善、信、食、源、法7个方面介绍了回族节庆礼仪、宗教信仰、风俗习惯，展示了回族的衣食住行，以及诚信法治、劝人为善的文化精髓。整个展览馆虽不大，但是浓缩了回民生活的方方面面。

（二）“一产助三产，三产促一产”的乡村旅游模式

常州城西回民村坚持“以一产助三产、三产促一产的‘四产’”发展思路，采用政府引导、大学生村官和农户共同经营的模式，发展农家乐和具有回族特色的乡村旅游。城西回民村农家乐风情园依山傍水、风景优美。整个风情园占地240亩，现有农家乐13家。农家乐集住宿与餐饮为一体，依托常州嬉戏谷，生意大多不错，有时当地居民的婚宴也选在这里举办，农家乐在节假日和周末往往客满，餐饮住宿通常都需要提前预订。这在当前农家乐遍地开花，很多地方农家乐发展出现瓶颈的今天，实属不易。城西回民村还投入300万元开辟了梨园观光廊道、梨园养身休闲区、梨园水系景观区。其中，依托梨园水系景观区建设中的水系疏通工程对河道进行了清淤、清理，建立生态驳岸，使梨园水系面积达到60 000平方米。梨园养身休闲区新建休闲游园、停车场、公厕和篝火广场等工程，总面积达7 200平方米。

（三）注重生态建设

城西回民村投入280万元，为165户农户铺设了11 000米污水排放管线，与镇污水管线对接，实现村污水接管集中处理；陡门塘自然村的天然气入户工程都已完工。另外，城西回民村投资250万元对长5 000多米、面积23 000平方米的道路进行黑色化升

级改造。城西回民村绿地总面积达30万平方米，绿化覆盖率达到39.7%，人均公共绿地面积23.2平方米，2004年共栽植各类苗木7万余株，其中乔木约6万株，2015年新增景观绿地超2万平方米，投入资金约63万元。全村道路绿化率达100%、河道绿化率达98%，农田林网控制率约95%，房前屋后应绿尽绿。全村共建有健身活动场所11处、面积共计1万多平方米，绿化景观优美，健身器材齐全。垃圾管理实施户集、村运、镇处理。村内设有85个垃圾收集房，流动垃圾箱22只，有专职清运和保洁人员16名。围绕卫生洁化，正逐步推广无害化卫生厕所，清灭露天粪坑，完善生活污水和粪便处理设施。目前城西回民村已完成污水处理工程10处；做到河道两侧、房前屋后无垃圾，无臭水沟，排水畅通。自来水入户率、改厕率、垃圾无害化处理率均达100%；全村实现了主干道路硬化、亮化，河滨清污净化，村庄环境美化。

三、美丽乡村建设中各利益相关者的参与

在城西回民村美丽乡村建设过程中，各利益相关者都积极参与进来。

（一）村民积极参与到美丽乡村建设中来

在村委会成员进入农户家中加强“绿化示范村”建设重要性和必要性宣传的基础上，城西回民村大部分村民树立了绿化意识，具有较强的环境保护意识。全村适龄村民均参加了义务植树活动。城西回民村的村民安居乐业，基本都喜欢住在村里，大多数人就近就业，即使白天出去工作，晚上也愿意回到山明水净的村庄，具有很强的归属感。在美丽乡村的规划和建设过程中，有部分村民加入了村委组织的考察队，并参加村里组织的会议，积极献计献策。笔者至今还记得韩福松老人讲起每到春天，他推开窗户，满眼鲜花，空气中到处都散发着花香时的那种陶醉的表情。

（二）大学生村官的创业项目成为美丽乡村建设的亮点

大学生村官臧瑜，毕业于南京航空航天大学，富有公益心和创新精神。农家乐和回族特色的乡村旅游项目真正发展起来是在

2012 年，该项目以城西回民村为主体，是在政府支持下建立的创业富民项目。该项目依托城西回民村原来的千亩果园，吸收现有的 14 家农家乐入驻，占地面积 280 亩。大学生村官臧瑜主要发挥桥梁、纽带以及导游作用，做到各种信息的上传下达，担任游客的宣讲员；编制旅游宣传手册，成立农家乐风情园网站（http://www.czcxnjl.com/），宣传推介回民村特色乡村旅游；积极联系镇农林部门，邀请专家来村授课，开展果树多品种搭配栽培技术应用推广；积极联系区农业局、旅游局和武进新闻网、武进日报社，与他们进行合作，大力发展美丽乡村旅游，通过采摘、餐饮、垂钓等，让游客在参与、体验农业生产、享受自然环境的同时，促进了农产品销售，提高了村民收入；另外，还成立了常州市伊清农业休闲观光有限公司，制定规章制度，有效对农家乐进行统一规划、统一管理，并走村串户收集农村闲散妇女劳动力信息，带动她们去农家乐就业。访谈时，臧瑜谈到进一步的设想："现在我们城西回民村在回民聚居区陡门塘大力开展美丽乡村建设，接下来，将整合各方面资源，与旅行社对接，把乡村旅游微度假发展得更好。"2014 年城西回民村农家乐暨回族特色乡村旅游项目带动村民就业创业 58 人，也为这些家庭增加收入 20 000 余元，城西回民村入选"2015 年首批江苏省农家乐集聚村示范村"名单。

（三）村两委、村民小组成员身体力行

2012 年，城西回民村村委会干部带领村民小组组长及村民代表共 30 几人，去浙江桐庐、南京江宁五朵金花考察，借鉴吸收他们美丽乡村建设的经验。村委会还请来上海设计院、规划公司做规划，并请村民代表与其反复论证，提建议。村会计陈新和提到帮老百姓销售水果的事情："村里帮老百姓销售（水果）到大企业、其他镇，一年最多卖 5 000 箱。收梨子时（我们）会把质量关，坏的、小的不收，老百姓不太理解。村里 30 块收一箱，卖也是 30 块。人工、运费都是村里贴。损坏的部分也是村里贴。村里贴了不少钱。"村两委成立了绿化示范村庄创建工作领导小组，组长由村书记殷旭东担任，副组长由村副书记吕建伟和村主任吴卫丰担任，本村其他6位村干部为组员，分别负责环保、绿化、保洁等工作。他们召开专题会议，制定规划，分解工作任务，落实工作职责，把绿化示范村庄建设作为村里的头等大事来抓，列入两委成员年终述职内容。同时制定了工作制度，真正把绿化示范村庄创建活动抓到位，在"实"字上下功夫，在"建"字上见成效，并充分调动村各级各部门的积极性，积极开展相关工作，及时解决有关问题，为推进绿化示范村庄创建工作提供了强有力的组织保证。陈新和负责环境卫生，在访谈时，他提道："我每天在全村转，但还是有很多地方做不到位，比如垃圾入箱，有的人就是做不到。于是我就守株待兔，站在那里提醒、整顿，慢慢地，情况就有了很大改善。"

（四）镇、区两级政府及其职能部门的强力助推

城西回民村作为常州唯一的少数民族聚居村，受到市、区民宗部门的大力扶持，市、区民宗局都曾给予专项投入。城西回民村入选武进区"十大最美乡村"，无疑是对全村的极大鼓励。雪堰镇从2015年开始启动"桃花节"项目，在开幕式上，游客可以品尝太湖美味，并欣赏到具有民族风情的表演，开幕式结束后游客可欣赏到桃花朵朵开的胜景。2015年8月30日上午10点，"太湖湾农渔生态美食节"在常州市武进区雪堰镇太滆村渔港码头盛大开幕。同时，太湖开湖启动仪式也隆重举行。美食节从8月30日持续到10月7日，在这里游客除了能领略太湖湾旁别样的渔家风韵，还能品尝到独具风味的湖鲜盛宴。2015年上半年，雪堰镇与常州太湖湾旅游度假区进行了区镇联动的尝试，整合了度假区和雪堰"桃花节"乡村旅游资源，策划了"淘春季——十大春趣任你淘"系列活动，将双方零散的旅游景点串联起来，为双方旅游业的发展提供了新机遇，下活了旅游一盘棋。"2015太湖湾农渔生态美食节"是区镇联动的再升级，联合雪堰太滆渔村一年一度的开湖启动仪式，将景点与美食进行整合，让游客可以享受到一次美食与美景并存的旅行。在此次活动中，城西农家乐美食街推出了限时优惠福利，进一步吸引了游客。2016年8月，常州

首届清真美食节举行，全国二十多种清真美食云集在此。同时，还带动了当地葡萄、水蜜桃等当季水果的销售，以及当地乡村旅游的发展。雪堰镇近年来立足区域特色，培育了城西回民村、雅浦村、南山村、太滆村等一批美丽乡村示范品牌，打造了“桃花节”“开湖节”等品牌节日。目前全镇形成了“春赏花、夏摘果、秋品鲜、冬滑雪”四大特色旅游项目。雪堰镇还举办了欢乐泡泡跑、“乡音叙乡情”知名人士座谈会、“原乡文创荟”等活动，以及亲子嘉年华、“携手春天里”踏春、“阳光扶贫”爱果树认领、邮政惠民行等公益惠民活动。2018 年太湖湾赏秋季从 8 月 30 日持续到 10 月 31 日。赏秋季期间，太湖湾推出湖鲜主题美食节，打响广大吃客品尝湖鲜的第一枪，太滆美食街、嬉戏谷凯莱大饭店、品悦度假酒店等，以时令湖鲜、养生农家菜为特色，烹饪鲜美湖鲜、鲜鱼月饼等美食特产；9 月，太湖湾还举行了“厨神大赛”，汇聚各地名厨，用当地湖鲜食材，进行精彩绝伦的厨艺比拼；10 月底，2018 年“太湖湾嬉戏·秋酷跑”活动在太湖湾举行，参与者在慢跑中感受太湖湾 12 公里的秋季美景，沿途还设有多种趣味拓展活动。此外，赏秋季还有“走进太湖湾系列活动”“太湖湾露营谷开园”“中华孝道园大型汉服中秋祭月灯会”“太湖湾仙庭马会嘉年华”“嬉戏谷电竞嘉年华”等精彩纷呈的活动。2019 年 8 月，在江苏省首届台湾青少年夏令营活动中，孝道园是其中一站，在美国出生长大的 52 位台湾地区人民后代和镇江市第一外国语学校的 24 名初中生在此共同体验了孝道文化，这对海外华裔青少年传承并向海外传播中国传统文化，促进文化交流具有积极作用。太湖湾旅游度假区周边环绕着 5 个各有特色的美丽乡村（太滆村、谢家村、雅浦村、南山村、城西回民村）。2019 年中秋前，太湖湾旅游度假区还邀请在常州工作的 30 多位外籍游客参加“天涯共明月，美味太湖行”活动，外国友人学做鱼月饼、烹制土灶大锅菜。通过开展这样的活动，进一步扩大了城西回民村的影响力。

笔者(右一)在城西回民村村委会与常州民宗局、
镇江民宗局工作人员及城西回民村委会成员座谈

在访谈过程中,民宗局蒋琳谈到职能部门对涉及城西回民村民族事务的参与:民宗局目前没有少数民族成员。有需要对接的事情他们会来民族村,比如统战工作、少数民族贫困学生慰问等。对于少数民族特色村寨规划,市里、区里请上海团队设计制定大规划,起点比较高。规划要结合本村特色,融入少数民族特点。区里、镇里、村里会相互沟通。"十三五"规划中涉及少数民族村庄的,会单独列出来。

(五) 企业、企业家、合作社、社会组织等发挥积极作用

(1) 嬉戏谷在城西回民村美丽乡村建设中发挥了不可低估的作用。嬉戏谷是一座环球动漫游戏体验博览园,有近 1/2 的园区土地是租用城西回民村的。嬉戏谷 2010 年开始运营,城西回民村里有 100 多人在嬉戏谷工作。嬉戏谷对解决城西回民村村民的就业问题具有重要贡献,为城西回民村村民安乡乐土起到了很大作用。(2) 企业家也积极参与美丽乡村建设。旷达鑫盛汽车内饰有限公司有 100 多名员工。在访谈中,回民村书记吕建伟是这么评价其董事长翁全良的:"翁总很正气,也很热心,喜欢参与村里面的活动。对美丽乡村建设、民族村建设,都很关心。每年都会资助几万元支持村庄建设。2006 年、2007 年新农村建设开始后,他每年资助 3 万~5 万元。"城西回民村有四五十家企业,比如回民绒绒有限公司、劲克马机械科技有限公司、康博液压有限公司、苏南博天

重工机械有限公司、巨航环保设备有限公司、常州市海超机械有限公司、常州市碧顺传动件有限公司、常州市钰湟铸件有限公司等。企业家们不同程度地参与到乡村治理过程中来。(3) 村里的合作社也起到了很大作用。在对汤氏果品专业合作社负责人汤琴访谈的过程中笔者了解到,他们的专业合作社共有 800 多人,员工会学习先进的葡萄栽培技术,并将其经验传授给一些农户,帮助他们提高产量。在对融餐饮与住宿为一体的徐家大院的经营者沈琴进行访谈的过程中,也能感受她对城西回民村的热爱,以及对美丽乡村、美好生活的热情。(4) 城西回民村帮困助学协会、城西回民村医疗卫生志愿者协会在助学、医疗卫生方面起到了积极作用。笔者也曾去村委会参加爱心助学活动。这里的企业家每个人年底会主动捐 2 000 元,交给企业联合会主席管理,用于助学奖励。2015 年的资助方式为:大学生考取一本奖励 3 000 元,二本奖励 2 000 元,三本奖励 1 000 元。2015 年村里共有 3 人考取一本,1 人考取二本,1 人考取三本。中小学生若被评为“三好学生”也有奖励:一个书包、一套《中国通史》。从选择《中国通史》作为奖品可以看出城西村委会对培养中小学生人文素养的高度重视。

四、经验及启示

城西回民村在美丽乡村建设过程中,各利益主体积极参与,但在参与过程中也存在一些问题。

(一) 村委会成员和村民之间存在沟通不畅的问题

在对合作社进行访谈时,经营者谈到保险理赔的问题:“2015 年葡萄被冰雹打了,以前葡萄都可以卖到 9 月底,但在今年 8 月底就没有多少葡萄可卖了。虽交了保险,但没获得赔偿,就不再相信农业保险了。保险由村里代收,只保 5、6、7 三个月及挂果月;但在我们交保险费前没说清楚。因冰雹损失的 40 万元,再加上人工,损失的 75 万~80 万元都没有获得赔偿。”再比如在对回民马灯的传承上,笔者在调研过程中了解到,村委会成员,镇里、区里的文化部门都很想让这项非物质文化遗产传承下来,但非物质文化遗产传承人却觉得村委会并不重视这件事。镇、区职能部门和村委会应当加强与村民的沟通,从而增进彼此的理解和信任。值得庆幸的是,经过多方沟通与协调,回民马灯终于恢复演出。

（二）村委会成员、企业主等参与方的积极性有待进一步提高

在与村委会成员访谈的过程中,他们普遍反映了待遇问题,认为村委会成员的待遇应当与当地的收入水平相适应,村委会事务繁杂,收入微薄,村委会成员势必会产生失落感,影响他们的工作积极性,这不仅仅是城西回民村面临的问题,也是现今乡村工作普遍面临的问题。企业家的作用也不应仅仅体现在捐款捐物上,在同翁全良访谈的过程中,当被问到有没有参加村里每年的传统"冬训"(武进区的传统,每年农闲季节会集中两三天对两委成员及村民代表等进行培训,并商讨村庄事务)时,他很不好意思地表示没参加。村委会成员应当重视企业家在美丽乡村建设中的作用,他们有丰富的社会阅历和经验,能够提出很多宝贵的建议。有部分企业家只知道"美丽乡村""民族村"建设的名称,但对其具体内涵却并不清楚,对规划的出台、建设的进程也并不了解,企业家的积极性并没被充分挖掘。另外,城西回民村两委成员中,只有一个回族副书记,回民比例太低,回民的一些真正诉求可能传达不力。

（三）新乡贤作用有待进一步发挥

新乡贤发挥了一定作用,第四届雪堰"桃花节"期间,雪堰籍知名人士应邀回乡参加座谈,以各自的专长积极为家乡发展建言献策,助力"强富美高"新雪堰腾飞。"江苏省农委副主任张坚勇,江苏省编办事业机构编制处处长蒋凯渊,船舶重工集团 703 研究所无锡分部副主任吴晓奇,南京理工大学教授叶敏,江南大学信息中心主任沈叶忠,上海浦江教育出版社、上海海事大学杂志总社社长袁林新等雪堰名士应邀回乡参加活动"[①],他们纷纷为雪堰镇,包括城西回民村的发展献计献策,并表示将身体力行,结合自己的专长为家乡发展做出贡献。

一些新乡贤很热心公益,但由于其主张和建议得不到回应,他

① 汝馨、孙波:《常州雪堰籍名士回乡为新雪堰建设献计献策》,据搜狐网:https://m.sohu.com/a/227610854_381581。

们的积极性严重受到影响。比如退休老校长韩福松，在同他访谈的过程中，笔者感觉到他对村庄如何进一步促进民主化建设、环境治理、民族文化保护与传承等都有独到的见解和主张，但缺乏相应的途径使其发挥作用。在乡村人居环境优美、人才辈出、乡贤愿意回村居住的情况下，可以考虑设立乡贤理事会，集思广益，促进城西回民村的各项事业更加完善。可以借鉴绍兴上虞的做法，整理古乡贤、今乡贤文化，使乡贤文化发挥到极致。

第三节　少数民族特色村寨建设中的参与式治理

——以镇江市世业镇卫星村为例

2009 年，国家民委与财政部开始实施少数民族特色村寨保护与发展项目，在全国 28 个省、区、直辖市 370 个村寨开展试点，在这些试点取得显著成效的基础上，国家民委于 2012 年 12 月发布了《少数民族特色村寨保护与发展规划纲要（2011—2015 年）》，2014 年 9 月 23 日，国家民委发布《关于命名首批中国少数民族特色村寨的通知》，全国共有 340 个村寨作为首批“中国少数民族特色村寨”予以命名挂牌，其中江苏省只有扬州市高邮市菱塘回族乡清真村名列其中。江苏省同样于 2009 年开始启动少数民族特色村寨保护项目，对江苏省境内的一些少数民族村庄给予资助、指导、支持、监督，镇江市世业镇卫星村在基础设施建设、民族特色风貌工程等方面因此获益，获批我国第三批“少数民族特色村寨”。

一、卫星村概况

卫星村社区位于世业镇西南部，东临世业集镇，南临长江，全村占地面积 5 平方公里，可耕地面积 3 005 亩，全村总人口 1 682 人，回民总人口 507 人，占总人口的 30%；共有住户 543 户，回民 155 户，占总户数的 28.5%。在日常生产、生活、工作中，回民和汉民和睦相处，和谐共存。镇江市民宗局提供的资料显示，村中的少数民族来源，除清代皖、豫等省数十户回民南迁流入以外，其他多数为近代婚嫁入村，经过上百年的繁衍生息，形成了今天的民族村落。但当地回民对自己的历史沿革是这样描述的:卫星村已有五百多年历史了。世业洲的百姓来自五湖四海,不续家谱。在各种运动、饥荒中来到这里。当地回民和汉民长期混居,还保留了一些回族传统的民歌、舞蹈等。卫星村曾经很贫困,随着2005年润扬大桥的开通、2007年被列为江苏省民族村、青少年综合实践基地及民族风情园的开园,近些年卫星村的经济、社会事业都取得了很大的发展,先后被评为"省级生态村""省级环境综合整治示范村""省少数民族工作先进集体""市民族团结示范村""市少数民族工作先进集体""国家综合减灾示范社区"等。

笔者与卫星村"最美婆婆"及其儿子合影(笔者居中)

二、卫星村少数民族特色村寨建设状况

卫星村少数民族特色村寨建设取得了如下成效。

(一)保护、建设村寨风貌和特色民居,加强民族团结主题教育

卫星村是一个宁静、美丽的村庄。进入卫星村,首先映入眼帘的是民族风情园,占地面积50亩,总投入1 180万元,内设卫星村旅游接待服务中心、民族文化教育大厅、民族产品销售展示厅、接待场所(包含餐饮、住宿)、为民超市和民族舞蹈健身广场,民族风情园也作为卫星村农产品的销售、推广基地。民族风情园使卫星村民族特色更加明显,成为卫星村的标志性建筑物,彰显了民族特色,既是民族文化的宣传阵地,又是民族村特色产品的展示和销售阵地,更是回、汉群众的沟通交流阵地。多年来,借助民族风情园

和江苏省镇江市青少年综合实践基地，卫星村开展了丰富多样的民族团结主题教育活动，接待全市多家中小学校到基地集中训练，把民族团结主题教育作为集中训练的重要部分，让学生直观地体验和感悟民族团结，将民族团结观念和爱国情感根植在学生心中，目前累计接待青少年学生 10 万余人次；民族风情馆、文化展示馆、非物质文化遗产展示馆全年对外开放，组织各族群众开展具有民族特色、地方特色的文体活动、联谊活动，吸引村民前往，营造了各民族群众团结进步、平等互助、和谐发展的良好氛围。

卫星村民族风情园

卫星村民族团结主题教育馆

（二）基础设施完备，人居环境得到明显改善

卫星村水、电、路、电子通信等基础设施较为完善，水质水压达标、自来水普及率达到100%，电力、有线电视、通信入户率达到100%，环境综合管理机制较为完善，该村先后被评为“江苏省农村环境整治试点村”“江苏省农村环境整治特色村”“江苏省环境综合整治示范村”“江苏省卫生村”“江苏省康居示范村”“江苏省生态村”“镇江市民族团结进步先进集体”“镇江市治安安全村”等。一进卫星村，首先映入眼帘的是醒目的“江苏省世业镇卫星村建设整治规划”，内容包括公共服务设施，住宅建设、基础设施规划（道路交通工程、给水工程、排水工程、供电、通信、燃气、环卫工程等）、绿化景观规划（村口、水体、道路、建筑等），并公布了主要技术经济指标和投资估算，张贴了村庄环境整治的内容、负责人、进度等，包括建筑物出新、破败物拆除、葡萄架建设、污水处理设施建设、农业污染源处理、公共厕所建设、古树名木保护等44项，这些项目已于2013年全部达到预期建设、整治目标，笔者于2015年调研时它们主要处于日常维护状态，每天都有专人负责相应片区的垃圾收集、分类、清运。2020年8月底笔者回访时，村庄依然整洁美丽。

（三）结合世业洲总体规划，发展特色项目

《少数民族特色村寨保护与发展规划纲要（2011—2015年）》里对少数民族特色村寨的建设和规划有这样的提法：“科学规划、统筹兼顾。从自身优势出发，与扶贫开发、生态旅游、文化保护区和新农村、新牧区建设相结合，与当地的各专项规划相衔接，统筹兼顾，做到科学合理、依法办事、量力而行。”①卫星村的规划是与世业洲的整体发展规划相结合的。世业洲为省级旅游度假区，环境优美，空气清新，先后获得“全国农业旅游示范点”“全国环境优美乡镇”“全国文明镇”“全国卫生镇”等国家级殊荣。2013年12月，《丹徒区世业洲总体规划（2013—2030）》（以下简称《规划》）得到镇江市政府的批复，《规划》确定了世业洲以生态田园自然风光为

---

① 《少数民族特色村寨保护与发展规划纲要（2011—2015年）》，2012年12月10日，据中央政府门户网站：http://www.gov.cn/gzdt/2012-12/10/content_2287117.htm。

基础,以长江音乐节为特色主题,致力于建设低碳示范区,打造休闲养生模式的国家级旅游度假区。青少年综合实践基地、民族风情园是其规划中的重要内容。青少年综合实践基地已于2015年11月2日开业。坐落于镇江市丹徒区世业镇卫星村的江苏省镇江市青少年综合实践基地,占地面积500亩,是全国唯一建在长江中心沙洲和水面上的基地。该基地2014年被确定为国家示范性综合实践基地,2015年被确定为国家航空飞行营地和江苏省循环经济教育示范基地,是2015年镇江市民生改善重点项目和扶贫工程。镇江市各大中学的军训、社会实践都安排在卫星村青少年综合实践基地,这对扩大卫星村的影响力,促进卫星村的发展都有很大帮助。农业服务中心研究工作人员袁德贵介绍,根据世业洲的总体规划,卫星村主要发展农业。主要发展葡萄、草莓采摘及旅游观光等。

(四)通过致富工程,促进农民增收,并增进民族团结互助

2009年致公党镇江市委对镇江周边农村进行调研比较,2010年选择在丹徒区世业镇卫星民族村建立"致富工程"项目的新培训点,为少数民族村村民掌握现代化信息技术提供了良好的平台,到2015年年底,共开设培训班20期,免费培训学员300余人,其中涌现了一批创业明星,取得了良好的社会效益。该项目由时任市人大常委会副主任的卢章平牵头,卢章平是致公党镇江负责人,他发动企业家搞"致富工程",教会村民使用电脑,通过网络搜集致富信息,在网络平台销售农产品。在访谈中,卫星村党委书记贡杰谈了下一步的工作设想:"致富工程"项目可以结合镇里的工作,对妇联、共青团进行培训。在培训农业技术的同时,使"致富工程"项目也成为文化信息技术接收平台。设立电子书屋,方便村民查阅资料,还可以扩展为电影观看室。

(五)传承和保护民族文化,丰富村民的精神文化生活

卫星村打造了民族健身广场,并设有文化广场。村里还定期举办一些民族文化展示活动,主要通过老年协会、文体协会等组织举办。这些民族文化活动丰富了村民的业余生活,弘扬了民族传

统文化。民族活动有腰鼓、舞蹈、锣鼓、舞剑、扇子舞等。卫星村有3支民族活动队,在2015年的镇江市民族活动月中,他们的表演还获得了一等奖。另外,丹徒区还设立了民情资讯台,每个村都有民情信息员。卫星村的民情信息员曾经提起有关开展民族文化活动的建议,并得到了回应。社区组织了丰富多彩的文化活动,做到月月有活动、季季有安排、年年有比赛。以2015年为例,一月社区开展迎春游园活动;二月社区文体协会举办音乐会;三月举行庆祝三八国际妇女节舞会;四月社区钓鱼协会开展活动;五月开展志愿者服务日活动;六月开展读书月活动;七月开展健身操比赛活动;八月开展学生离校不离教活动;九月组织参加镇江市老年人协会柔力球比赛活动;十月开展文体活动周、举办庆祝国庆节文艺表演、举办九九重阳节老年人活动;等等。

(六)进行综合减灾示范社区的建设

卫星村位于长江冲积平原,自然灾害隐患比较多。针对这一现状,通过集体协商,卫星村决定建设综合减灾示范社区,并取得了显著成效,卫星村被评为"2015年全国综合减灾示范社区"。笔者在调研过程中发现,每天都有村委会成员在维护防灾减灾设备,说明村中建立了较为完备的管理制度,有较为充分的应急预案与演练,并建立了公众参与的长效机制。而且在公众参与过程中,社区特别注重回民的参与,注意维护公众权力和利益。社区设有专门的防灾减灾宣传室,面积有60平方米,配备有专门的电脑15台,投影仪1台,聘请专、兼职宣讲员3名。利用网络上和图书中的防灾减灾知识,对社区广大回族村民和汉族村民进行防灾、减灾知识宣传,受到村民好评,大家参与热情很高;社区还开展"大手拉小手"回民儿童特色减灾宣传活动,通过与学校合作,对社区中所有中、小学的回民学生进行理论宣传,通过一个回民学生影响一个回民家庭,一个回民家庭影响另一个回民家族,多个回民家族影响一个回民社区。目前这一举措已初见成效,社区居民的防灾减灾意识增强。此外,社区还设立了单独的食品药品安全宣传室,备有各类宣传图册资料,专门宣传食品安全。

三、少数民族特色村寨建设中各利益相关者的参与作用

在少数民族特色村寨建设过程中,各利益相关者都发挥了积极作用。

（一）乡村自治组织在特色村寨建设过程中通过正式制度进行组织协调

村委会在整个村寨规划、建设过程中,发挥着组织协调的作用。卫星村的“一事一议”制度规范,使得村委在项目的申报、执行、监督等各个环节都召开了村民代表大会和两委会,并对会议结果进行公示。例如2014年“一事一议”了村民一组和五组的道路改建项目。在项目申报之前,召开了村民代表大会,确定该项目为“一事一议”项目。对民众集资进行详细说明,施工单位的投标、施工、监理都通过了村民代表大会,受到民主理财小组和监事会的监督,并进行公示。施工过程中的矛盾都通过协商、沟通来解决。民族风情园、青少年综合实践基地的规划、招标、施工、监理都通过了村民代表大会,并且在村委会成员广泛的宣传下,大多数村民意识到这是关系本村发展前景的大事,要积极参与,但也有少部分村民不关心,有的甚至不理解。村庄矛盾调解记录里,笔者看到有一户村民因为民族风情园会占用自家田地而坚决反对,后经村委会成员,特别是矛盾治安委员的多次耐心沟通、协调,最终得到了该户村民的理解和支持。

（二）各职能部门的资金投入、指导与监督

在卫星村少数民族特色村寨规划出台的过程中,农业部门、规划部门、民宗部门、建设部门、旅游部门、教育部门以及高校都充分参与。卫星村少数民族特色村寨建设是与世业洲总体规划协调一致的,因此要将规划纳入丹徒区旅游局的总体规划,涉及民族元素的部分,民宗局要重点参与。在访谈过程中,民宗局局长张俊美对民宗部门的参与方式和程度是这样表述的:少数民族特色村寨规划牵涉民族元素的部分,市民宗局要进行把关,主要是进行决策、规划、管理、监督、验收等各方面的参与,而且是重点参与,令其逐步完善。农业规划,则要镇农业服务中心的参与。在访谈过程中,镇农业服务中心袁德贵提道:“必须将整个农产品的生产量、销售量结合起来进行规

划。以各个县市区划分,不能盲目投资。既要带动农民,又要适度规划,不能盲目扩张。卫星村农产品的特点是规模不大,品种较多。水果有梨、桃子、李子、枇杷、石榴、橘子等。以农户自主经营为主,大规模种植不多,只有沙梨园规模较大。各季都有农业技术人员来进行技术指导。病虫害防治则由镇、村、组三级领导,统一时间,统一防治。七、八、九月,每十天发布一次病虫情况。”世业洲借助其自然环境优势积极发展乡村旅游,其中卫星村是周边群众乡村旅游的必去之地。卫星村青少年综合实践基地由镇江市教育局牵头建立,因此在整个规划、建设过程中,教育局都在监督、指导。民宗部门和财政部门共同发文的《江苏省少数民族发展资金管理办法》对包括少数民族特色村寨建设在内的少数民族发展资金的监管进行了具体的规定:各县(市、区)民宗局会同财政局对少数民族发展项目和资金进行日常监督、检查;市民宗局要会同同级财政部门对辖区内县(市、区)少数民族发展项目进行全程指导、检查、督促和服务;省级民族、财政部门不定期对全省少数民族发展项目实施情况进行指导、督查、绩效考评等,对发现的问题及时通报并督促整改。在少数民族风情园建设项目中,世业镇政府出资 100 万元,市政协、文广集团和恒顺集团每家单位各支持 50 万元。同时,市旅游局和民宗局积极帮助争取省级对口项目资金约 140 万元。缺口部分则在市、区两级“百村万户”双达标行动专项资金中争取。

(三)政协、民主党派、社会组织的积极参与

“‘致富工程’由致公党镇江市委、丹徒区农委牵头指导,争取资金 2.5 万元,用于培训点教室的布置、网络接入等基础建设。致公党江苏省直属支部党员、江苏苏豪律师事务所主任张庆祥捐赠 6.6 万元,为该村培训点配备了 15 台电脑和 15 套电脑桌椅、1 台投影仪,建成一个能同时容纳 30 人的固定教学场地。”[①]卫星村副主任顾流松介绍,镇江慈善总会对卫星村家庭困难的学生发放资助金。大学应届生发放 5 000 元,往届生发放 3 000 多元。卫星村与

① 镇江市委统战部:《镇江市丹徒区:打造特色村寨,促进民族团结》,2019 年 6 月 6 日,据江苏统一战线网站:http://www.jstz.org.cn/a/20190606/1559807642957.shtml。

镇江市12349(便民服务平台)联合创建了“益起爱成长中心”公益活动,将少数民族留守儿童组织起来进行寒暑假辅导,对全村留守儿童进行课后辅导、课后教育,使之感受父母之爱、家庭之暖,学有所成,提升少数民族群众的幸福指数。

世业镇组织委员余琴对卫星村旅游的设想:“可以发展民宿,投放公共自行车。可以进行旅游岛开发,建水塘实践基地。着力发展音乐文化长廊、音乐文化岛。要做好污水处理和道路建设,中心路要做好黑色化改造,还要做好江堤改造。”

（四）企业、社会组织带动村民致富

2015年,卫星村成立了劳务服务公司和生态农业公司,它们在少数民族特色村寨建设中发挥了很大作用。卫星村主动与相关部门协作,多渠道、多方位地开展帮扶工作,充分利用镇江市“春晖行动”的帮扶政策,进行劳动力转移、劳力输出,成功转移劳动力126人。2009年卫星村成立了3个农村经济合作组织,分别为庆丰果品合作社、永生土地股份合作社、惠农秸秆综合利用合作社,形成了“基地+农户”的运作模式,带动23户少数民族群众参与其中,每年每人增加收入3 000多元。积极与青少年综合实践基地沟通合作,优先将赋闲的少数民族群众安排到实践基地中务工,目前已解决67名回、汉族群众的就业问题,增加了他们的务工收入,拓宽了少数民族群众的致富渠道,从根本上增加了少数民族群众的生产收入和务工收入,促进了民族和谐,维护了社会稳定和谐。卫星村成立了镇江市润卫生态农业有限公司和镇江市江岛劳务派遣有限公司,通过劳务公司和农业公司平台的运作带动,促进了农业产业结构调整,实现了农业增效,壮大了集体经济。下一步,卫星村将充分利用民族特色,注重实用性,将民族风情园打造成集生态、观光、住宿、餐饮为一体的综合性旅游项目,进一步带动少数民族村的发展。

（五）新乡贤的示范带头作用

“现代社会存在两种乡贤,一种是‘在场’的乡贤,另一种是‘不在场’的乡贤。一种乡贤扎根本土,把现代价值观传递给村民。还有一种乡贤出去奋斗,有了成就再回馈乡里;他们可能人不在当地，但由于通信和交通十分便利，他们可以通过各种方式关心和支持家乡发展，他们的思想观念、知识和财富都能影响家乡。”[①]镇江市政协前主席李国忠在卫星村少数民族特色村寨建设过程中发挥了至关重要的作用。在全市开展的“百村万户”双达标行动中，李国忠负责卫星村，市政协办公室是本次卫星村帮扶工作的牵头部门。在民族风情园、青少年综合实践基地的立项、规划、建设、资金争取过程中，李国忠都起到了关键的作用。在帮助低收入村民的脱贫过程中，他身体力行，与其中一名贫困户挂钩，从 2014 年起，主动承担起该贫困户家庭内一名大学生每年 8 000 元的学习费用。在其带领下，卫星村 19 户低收入户均已实现年均收入超 7 000 元。本土企业家邵乃劲，从高资中学毕业后，就去汽车修理厂打工，干了一年多，笔记做了两三本，而后开始做师傅。2002 年邵乃劲开了汽车修理厂，开了三年，修理厂亏损。后来润扬大桥项目启动，邵乃劲为项目提供附属设施，通过经营大桥附属设施而盈利。再后来他返回村里，考察了家乡的鱼、米、玉米等纯天然食品，觉得卫星村有很大的发展潜力。邵乃劲以自己多年在外打拼积累的经验服务乡里，为村庄发展献计献策。赵亚夫曾任镇江市农科所所长，镇江市人大常委会副主任，退休后驻扎戴庄，他摸索出的“戴庄模式”即大力发展现代有机农业，带领全村农民共同创业，逐步走出一条以“党支部+合作社+农户”为主要特征的农民致富新路径，实现了“做给农民看、带着农民干、帮助农民销、实现农民富”的目标，形成了特色鲜明，在江苏省颇有影响，并且在全国也有一定影响的农民创业增收致富新模式。江苏农村流传着一句话：“要想富，找亚夫。”赵亚夫虽驻扎戴庄，但是经常到镇江以及江苏其他各地进行技术培训，包括卫星村在内的世业镇。卫星村多个村民表示曾经听过赵亚夫的农业技术培训讲座，或听别人提起过他的技术。如果能挖掘出更多具有公益心、高尚道德品格的赵亚夫式的农业技术能手，卫星村必将有更大的发展。

---

① 张颐武：《重视现代乡贤》，《人民日报》2015 年 9 月 30 日，第 7 版。

四、经验与启示

卫星村在社区治理过程中，探索出了一些可供借鉴的参与式治理经验，但也有一些问题不容忽视。

（一）利益相关者要积极参与、理性参与

从卫星村村民参与社区治理的过程来看，存在村民对村庄公共事务冷漠的现象，在与当地村民交谈的过程中，当笔者问及“是否了解财务公开、村务公开情况”“是否了解村民委员会候选人状况”时，有少部分村民回答“不关心”“不了解”“谁当都一样，与自己没关系”等。当谈及“对民族风情园及少数民族特色村寨建设的了解程度”时，有部分村民，包括少数民族村民，认为这是村委会的事，和自己没有关系。除了冷漠，还存在一些非理性的、宣泄的情绪。有个别村民谈及村庄事务，话语中全是牢骚和怨言。社区治理仅强调参与，未必会优化公共生活，非理性参与可能会给公共生活造成极大的危害。公民理性参与意识的培养，理性参与行为的塑造，不是一朝一夕的事情，民主建设是渐进的过程，需要政府、学界、公民的共同努力。

（二）相关专家学者要及时总结经验、教训

如前所述，卫星村有较为丰富的参与式社区治理的实践，江苏其他地方也有很多参与式治理的实践，比如最典型的是张家港永联村“城乡一体”社区治理，常州城西回民村建设“美丽乡村”过程中的参与式社区治理等。但对江苏参与式社区治理的研究成果却凤毛麟角。这与同处长三角的近邻浙江比起来，相差甚远。浙江学者出版了有关参与式社区治理的论著，并发表了相当数量的学术性论文。江苏相关领域的学者也有必要及时总结经验、教训，并加以学术思考、论证，以进一步推进江苏参与式社区治理的发展。

（三）政府、村委会要进一步加大信息公开的力度、积极回应公众诉求

信息公开是参与的前提。江苏省实现了每个村庄都有自己的网站，通过网络媒体较好地实现了信息公开。但从卫星村的网站来看，信息更新不够及时、详细。目前来看，“卫星村网上大喇叭”

的内容只更新到2014年8月15日,比如村民很关心的青少年综合实践基地,其在卫星村网站上的最新消息还停留在2013年该项目落户卫星村,而这一基地在2015年11月2日已正式开园,这导致在外打工的本地村民无法及时了解这一信息。政务公开栏里只有一条动态。党务、财务公开栏里没有任何内容。在村委会的公告栏上,党务、政务、村务信息都会定期公开,如果这些信息能够在卫星村网站上及时更新,让村民特别是在外打工的青壮年村民更方便、及时地了解村里的情况,将有利于提高他们参与社区治理的积极性和实效性。笔者认为可以让村里的大学生村官专门负责网站的维护。另外,镇政府、村委会等应积极回应信息相关者的诉求。比如,在秸秆焚烧这件事上,有老百姓反映现在的秸秆焚烧方式有利于保护环境,但容易导致田地生虫子,庄稼根不稳,有大风大雨时,庄稼容易倒,所以希望改进秸秆焚烧技术。对于这样关系老百姓切身利益的诉求,村委会及当地的农业技术服务部门应当积极做出回应,争取在优化环境的同时,不影响村民的利益。

(四)合作社应当发挥其作用

卫星村有如下合作社,在乡村治理中也发挥了一定的作用。社区经济合作组织有秸秆回收利用专业合作社(袁德宝,116人)、土地股份有限专业合作社(朱亚洲,103人)、植保服务专业合作社(朱授根,615人)。社区社会组织有老年协会(朱亚洲,37人)、文体协会(王秀云,12人)、关工委(阮锡璋,12人)、老年体协(朱授根,60人)。但在访谈过程中笔者发现,卫星村的合作社大多流于形式,并没有起到其应有的作用。在农业合作化程度逐步提高的今天,有必要加强农业合作社的作用,提高农业合作化水平。

第四节　少数民族传统生活方式保持中的参与式治理

——以南京市六合区竹镇镇竹墩社区回民小区兴建为例

一、竹镇镇竹墩社区概况

南京市六合区竹镇镇是一个享受民族乡待遇的民族镇。竹墩社区是竹镇镇政府所在地，其成立于2012年9月4日，由原来的竹镇街道居委会和丰乐村整合而成，地域面积8.92平方公里，辖33个街、组，3 713户，9 868人。村居区划调整后，竹墩社区共有11个少数民族街、组，共4 132人，占社区户籍人口的41.9%，其中回族居民3 477人，主要集中在该社区的正街、民主街、王家巷、花园组及大花园等地。其他少数民族主要以婚入及婚入后繁衍的后代为主，散杂居在各街、组。竹墩社区内现有宗教场所3个，其中清真寺和清真女学各1座，基督教堂1座，信教群众以信仰伊斯兰教、基督教和佛教为主。近年来，该社区集中力量修缮了一批民族和宗教活动场所，为社区信教居民开展宗教活动提供了良好的环境。修复后的王家巷清真寺共有房屋20间，占地面积近1 200平方米，为竹镇镇穆斯林群众重要的宗教活动场所。竹镇清真女学位于本社区东大桥外南河沿，是竹镇少数民族文化的重要体现，现共有房屋13间，占地面积约350平方米，2007年镇政府拨专款对其进行修复，现已修葺一新。少数民族女子高跷队、手狮舞是竹镇富有民族特色的文化项目。

二、拆迁改造与回民传统生活方式的保持

拆迁改造是城镇化过程中必不可少的举措。当前，因为拆迁改造引发不少矛盾，比如补偿标准过低、补偿标准不统一、保障措施不到位、个别“钉子户”漫天要价等。回族社区的拆迁改造涉及民族生活习惯的问题。江苏地区的聚居性少数民族农村社区大多呈现“大杂居，小聚居，交错杂居”的局面，常州城西回民村、镇江卫星村，包括拆迁改造前竹墩社区的回族聚居小组居民大多独门独户居住，不少回族家庭与汉族长期比邻而居，已经渐渐改变了过去“围寺而居”的传统聚居方式。但在竹墩社区的拆迁改造过程中，由于居住方式由独门独户改为单元楼，由此而引发了围绕“拆迁后如何居住”的新问题。竹墩社区居委会近年来协调解决了胡庄、赵圩、桂花、小圩、竹元、花园等8个组组民的征地进保工作，35户回族家庭享受到了征地进保政策带来的实惠。2014年1月，15户新花组回族居民住进了民族小区一期安置房。2015年5月，39户社区少数民族居民搬进了民族小区三期回民楼。

三、如何理解嵌入式民族社区与集中居住之间的关系

“社区环境是居住格局的载体,多民族社会的社区环境在具体形式上体现为族际居住格局。多民族国家中的族际居住格局既被视作反映族际关系的重要指标,也被视作形塑族际关系的重要力量。”[①]“各民族相互嵌入式的社会结构和社会环境”最早是在2014年5月26日中共中央政治局召开会议,研究进一步推进新疆社会稳定和长治久安工作中被提出来的,会议明确提出“推动建立各民族相互嵌入的社会结构和社区环境,促进各民族交往交流交融,巩固平等团结互助和谐的社会主义民族关系”[②]。在第二次中央新疆工作座谈会上,习近平总书记重申“推动建立各民族相互嵌入式的社会结构和社区环境”。民族互嵌型社会最终要达到各民族“相互了解、相互尊重、相互包容、相互欣赏、相互学习、相互帮助,像石榴籽那样紧紧抱在一起”的目的[③]。2014年9月召开的中央民族工作会议将“推动建立各民族相互嵌入式的社会结构和社区环境”进一步升级为全局性的民族工作方针政策。

学者们也开始就互嵌式民族社区提出一些主张和见解,比如借鉴新加坡、马来西亚、美国等国家的经验,还有学者指出:“‘互嵌式民族社区’建设与新型城镇化战略推进的结合。一旦错过了城镇化的战略机遇期,不在推进城镇化的过程中自觉促进民族融合,而是按照传统的路径,采取画地为牢的方式就地城镇化,民族之间的大聚集大封闭的格局必将伴随就地城镇化的完成而加以固化,民族之间相互借鉴、相互提高的通道将被堵死,民族之间的隔阂与分聚就将固化,民族团结将成为无源之水,民族共富也因为众多少

---

① 郝亚明:《民族互嵌型社区社会结构和社区环境的理论分析》,《新疆师范大学学报(哲学社会科学版)》2015年第4期。

② 《习近平主持政治局会议:研究进一步推进新疆社会稳定和长治久安工作》,2014年5月26日,据共产党员网:http://news.12371.cn/2014/05/26/VIDE1401104403035707.shtml。

③ 《习近平在第二次中央新疆座谈会上强调:坚持依法治疆团结稳疆长期建疆团结各族人民建设社会主义新疆》,《人民日报》2014年5月30日,第1版。

数民族因语言文化难以融入主流社会而错失良机。”①

其他国家的积极经验值得借鉴，利用城镇化的契机推动“互嵌式民族社区”建设的主张也有一定道理，但是切不可一刀切，要结合各地具体情况采取相应的措施，其中最重要的一点是一定要尊重当地居民的生活习惯和意愿。

竹墩社区是城乡结合的多民族社区，在城镇化进程中，既面临单一民族社区拆迁改造征地补偿问题、多民族社区交往交流交融的问题，同时也面临城乡之间的沟通理解问题。因此，其解决居民社区改建问题的经验和教训具有较为广泛的借鉴意义。

笔者与竹镇镇竹墩社区居民进行访谈（左二笔者）

① 张会龙：《论各民族相互嵌入式社区建设：基本概念、国际经验与建设构想》，《西南民族大学学报（人文社会科学版）》2015 年第 1 期。

第六章　农村社区参与式治理发展的前景

当前，随着农村政治、经济、文化、社会、生态环境发生变化，特别是随着城镇化进程加速推进，乡村治理主体的构成、行为动机、行为表现都发生了很大变化。对主体多元化特征及其角色定位进行分析，是参与式治理进一步优化参与式治理的前提。

第一节　当前乡村治理参与主体的多元化及其角色定位

传统的乡村治理是行政主导型的，党和政府有着绝对的权威，民间力量的参与受到了挤压。当前，乡村治理过程中包含的主体包括国家、社会、个人三个层面。虽然不同地域、不同发展程度的农村治理参与模式有较大差异，但从整体而言，各主体都在不同程度上参与到乡村治理过程中来。

一、国家层面的主体

从国家层面看，直接主体包括乡政府、社区党组织、社区自治组织。另外，县一级政府及其相应的职能机构，甚至省级政府及其职能机构，以及中央都间接参与乡村社区治理。

比如本书所研究的长三角聚居性少数民族村落，其治理过程无疑受到外部环境和内部环境的综合影响。以景宁畲族自治县的畲族村落发展为例，中央、省级政府、县级政府、党委都对其村落治理产生了重要的作用。

（一）县级以上政府

首先，从中央的角度来看，各项针对“三农”问题的大政方针及地区倾斜政策为乡村社区治理创造了外部环境。比如当下，“乡村振兴战略”提出的二十字方针，为乡村社区治理的内容和方向提供了基本遵循。各农村社区可根据自身的实际情况来调整治理方式。中央于1982—1986年连续五年发布了针对农村、农业、农民的一号文件，被称为“五个一号文件”。21世纪以来，中共中央又连续发布了关于“三农”问题的18个中央一号文件，这些中央一号文件针对农村、农业、农民最关心的、急需解决的问题，为乡村社区治理提供了指引。

另外，中央对欠发达地区有政策和资金上的倾斜，浙江景宁畲族自治县的畲族村落受益尤其明显。地区政策的倾斜，并不是我国的独创，“西方国家对欠发达地区进行政府援助的成功经验表明，政府的政策倾斜是缩小地区差距的一个关键因素，通过政策倾斜来实施对欠发达地区的前期开发是一条普遍规律”①。景宁畲族自治县是1986年国家划定的第一批258个国家级贫困县之一，属于国家重点扶持的民族自治县。景宁畲族自治县农村常住居民的人均可支配收入从2002年的2 270元增长到2017年的16 503元，增长了6.3倍，位居全国民族自治县（旗）第五位②。2017年，景宁畲族自治县向畲乡人民交出了一份满意的答卷：地区生产总值达到54.4亿元，增幅7.1%，高于全国、全市增幅；居民人均可支配收入增幅排名位居全市9县（市、区）第一；完成固定资产投资58.3亿元，增长13.5%，增幅全年持续保持全市第一；生态环境质量继续全省领先、位居全国前列……这些成果的取得离不开国家、省、市在政策和资金方面的支持。2018年“五一”小长假期间，“景宁全县接待游客29.27万人次，实现旅游收入1.95亿元——相当于每个景宁人收入1 000元”③。畲乡的迅速发展，离不开各级政

① 杜伟：《西方国家对欠发达地区进行政府援助的经验和对我国西部大开发的启示》，《贵州民族研究》2001年第1期。

② 钟根清、柳彩华：《志不求易 事不避难 不忘嘱托——景宁奋勇迈进全国自治县前列的探索与实践》，《丽水日报》2018年5月23日，第6版。

③ 俞海萍：《畲乡大地，铺开美好生活新图景》，《光明日报》2018年5月22日，第5版。

府的援助。梁立新等学者介绍了1984—2013年上级政府投入景宁的资金情况，整体上资金投入呈现逐年增加的趋势：省定额补助1 183 602 000元，省各项拨款补助7 410 574 000元，省、地其他补助879 088 000元，调入其他资金41 477 000元。1999—2013年景宁获上级民族部门资金投入情况：中央、省少数民族发展资金3 102万元，省少数民族教育资金1 850万元，省少数民族文化发展资金250万元。从对口支援资金情况来看，2003—2013年，省科技厅累积支援750万元，宁波市教育局、宁波市北仑区教育局、宁波市鄞州区教育局累积援助656万元，浙江第一人民医院累积援助370.5万元，水利厅累积援助1 000万元，省委组织部累积援助120万元。这些资金有不少投入了农村地区，使乡村治理有了资金支持①。

浙江省在促进地方政府创新方面有很多创举，在乡村振兴方面，也有自己独到的规划。《浙江省乡村振兴战略规划（2018—2022年）》确立了分四步走的阶段目标："到2020年，广大农村与全省同步高水平全面建成小康社会；到2022年，高质量完成乡村振兴示范省建设任务，新时代美丽乡村基本建成，农业农村现代化建设走在全国前列；到2035年，乡村全面振兴，率先实现农业农村现代化，达到发达国家水平；到2050年，更高水平推进农业农村现代化，达到农业发达国家先进水平。"②这一规划在高质量发展乡村经济、建设花园式美丽乡村、全面繁荣乡村文化、打造乡村治理现代化先行区、全面创造农民美好生活、健全城乡融合发展政策体系等方面，做出了具有本地风格的具体规划。浙江省的这些规划必将为景宁、遂昌等地畲族村落的发展和乡村治理的现代化提供方向上的指引。

从区、县级政府的层面来看，2001年景宁畲族自治县发布了《景宁县茶叶十年规划（2001—2010）》。景宁农办根据浙江省委

---

① 郭献进、梁立新、彭兵：《参与式发展——外援与民族地区自主发展》，中国社会科学出版社，2017，第62-67页。

② 俞海萍：《推动乡村振兴战略在浙江省落地生根——访浙江省改革和发展委员会副主任徐幸》，《浙江经济》2019年第5期。

《中共浙江省委浙江省人民政府关于加快山区经济发展的若干意见》(浙委〔2012〕90 号)和丽水市人民政府办印发的《关于大力发展农家乐民宿经济、促进乡村旅游转型升级发展三年行动计划(2016—2018 年)》的通知,制定出《景宁畲族自治县农家乐乡村休闲旅游发展 2016 年度实施方案》(景农办〔2016〕82 号),提出基本原则是"规划先行、农旅融合、文化引领、培育精品、招商引资",还提出了具体的奖励措施。这对打造景宁畲族自治县大均乡"云耕生活"农家乐综合体以及东弄村畲家乐田园综合体起到了积极作用。东弄村畲家田园综合体(畲寨石岭)是浙江省财政厅和社会力量于 2017 年集资建立的畲乡田园,该田园综合体内小溪潺潺,山野旷远,木梯天桥错落有致,空气清新,阳光灿烂,且有畲族风情,让人感受到这是一处原生态田园观光旅游宝地。此园计划建设总面积近 2 万亩,核心区面积 4 000 亩,总投资 3. 5 亿元,至今已投资 5 000 万元,2018 年 7 月 13 日正式开园。民宗部门在乡村发展、规划的过程中也提供了政策、资金上的支持。

以"云耕生活"农家乐综合体为例,可以看出在乡村治理的过程中,县级政府所发挥的作用。大均乡"云耕生活"农家乐综合体创建项目实施表是经农办审核的,综合体得以创建和发展得益于农办、民宗、旅游、交通、环保等多个政府部门的支持与管理。项目涉及内容有① 基础设施:生态停车场、工程管线(客房、餐饮及公共休憩空间水电、通信设施敷设)、垃圾桶、Wi-Fi、标志标牌系统、公共厕所、消防设施(灭火器、安全指示灯、消防应急灯、烟雾报警器)、游步道、污水处理系统;② 服务设施:游客服务中心、会议室、云耕商店、餐饮设施(伙食房)、客房、客房配套设施;③ 活动设施:童趣广场、茶肆寮棚、土灶山舍、打年糕房、儿童游玩室、游人集聚广场、休憩厅阁、畲族文化广场;④ 景观(环境)设施:景观树池、景观竹径、景观旗帜、竹篱笆、花坛、云耕诚信墙、垒石驳砍、绿化(花草、树木种植)、景观水池;⑤ 服务接待设备:POS 机、无线路由器、电脑、打印机、空调、音响、投影仪、蒸汽消毒柜、浙江省民俗管理系统、环保型游览车;⑥ 活动道具:服装(狐狸装、汉服、店小二服、媒婆服装、畲族婚俗服装等)、竹编鸡笼、竹篾、老式电影机、绘画用品(画布、画石、颜料、画笔、大漈罐)、蹦床、草垫、篱笆、麻将机、天文望远镜等;⑦ 活动项目:露天电影、狐狸偷鸡、火灶比拼、水枪大战、主题夜趴(生日趴、音乐趴等)、篝火晚会、畲族婚俗表演、天地君亲师传统礼仪、系统亲子活动(绘画、种植豆芽、制作甜酒酿、磨豆腐);⑧ 养生项目:云耕养生餐(全素宴、畲族药膳)设计;⑨ 文化展示:角色扮演展示活动(媒婆、店小二、算命先生、挑夫、书生等)设计、畲族文化长廊、中草药种植展示;⑩ 宣传营销:微信公众平台、微信服务号、省市县媒体合作、宣传材料折页等;⑪ 规划设计:农家乐综合体规划设计。

(二)乡镇政府

《中华人民共和国村民委员会组织法》指出:“乡、民族乡、镇的人民政府对村民委员会的工作给予指导、支持和帮助,但是不得干预依法属于村民自治范围内的事项。村民委员会协助乡、民族乡、镇的人民政府开展工作。”[①]这是从村民自治的角度,对乡镇政府进行的定位。然而,在实践过程中,乡镇政府和村级自治组织并没有各安其职,村民自治组织经常成为乡镇政府的执行者,而不少地方的乡镇政府也会干涉村民自治事务。乡镇政府和村民自治组织之间形成了领导和被领导的关系,而不是指导与被指导的关系。当前的农村社区治理显然已经突破了自治范畴,体现为多元主体的合作共治。

重新界定乡镇政府的角色定位很有必要。乡镇政府当前是公共服务提供者,更多的是发挥宏观管理职能及监督职能,完善公共产品供给和监督。乡镇政府要根据区域内乡村的产业特点,打造优势产业。比如,在所调研的村庄中,镇江市世业镇农办就根据卫星村地处冲积平原的特点,选择发展当地适宜种植的水稻、小麦、瓜果等。常州市雪堰镇具有良好的机械加工基础,镇政府支持回民村发展机械加工厂,还有种植与加工碧螺春茶叶,并且根据其濒

① 《中华人民共和国村民委员会组织法》,中国法制出版社,2018,第6页。

临太湖的地理优势，支持渔业、农家乐的发展，当地水蜜桃、葡萄产业的发展也得到镇政府的支持，通过举办“开捕节”“桃花节”“清真美食节”等活动，支持回民村及其他村的渔业、水果、清真食品的发展。景宁畲族自治县大均乡乡政府支持其所辖村庄的茶、香榧等产业的发展，并对农家乐、民宿给予支持，安排专门的工作人员负责农家乐、民宿工作，为其发展提供规划、指导、宣传和支持。遂昌县三仁畲族乡扶持好川等村茶叶、笋竹产业及水稻制种的发展。以上乡镇的农业部门都有农技推广部门，他们针对村民的需要，聘请专家开展农业技术推广，并提供农业服务信息。

乡镇政府还承担优化招商引资环境的职能。比如，大均乡李宝村近些年发展如此迅速就得益于工商资本的注入，笔者在访谈过程中得知，卢总在选择投资地点的时候，一方面考虑到李宝村得天独厚的自然地理条件优势，另一方面也与大均乡政府的高度重视和积极争取密切相关。

在乡村发展规划过程中，乡镇政府起着很关键的作用。笔者在调研过程中发现，各村庄的规划均是由乡镇政府聘请专门的设计团队，并结合当地的实际情况完成的。

乡镇政府在公共产品供给中的作用也很重要，如就业扶持、医疗保障、教育发展、文化建设等方面。景宁畲族自治县、遂昌县，以及浙江其他地区的文化礼堂是提升公共文化服务的有效平台，对文化礼堂的规划、设计、管理以及相关活动的组织，乡镇分管宣传工作的工作人员都会进行统筹安排。在医疗保障方面，所调研各乡镇的卫生院均可以满足村民基本的医疗需求，各地的医疗保障措施也比较健全；在教育方面，各乡镇都有小学，能满足大部分孩子接受义务教育的需要，但是对于较为偏远的山村来说，还是不能充分满足其教育需求；就业方面，乡镇政府会组织就业培训与指导。

另外，乡镇政府还应当发挥监督职能，比如，对农家乐、民宿合理定价进行指导，避免恶性竞争，确保其提供性价比较高的服务；监督治理村庄治安，保证当地居民的生活安宁。

（三）社区党组织

（1）要充分发挥基层党组织的领导核心作用。《中共中央　国务院关于加强和完善城乡社区治理的意见》指出："把加强基层党的建设，巩固党的执政基础作为贯穿社会治理和基层建设的主线，以改革创新精神探索加强基层党的建设引领社会治理的途径。加强和改进街道（乡镇）、城乡社区党组织对社区各类组织和各项工作的领导，确保党的路线方针政策在城乡社区层面全面落实。"①"继续推进街道（乡镇）、城乡社区与驻社区单位共建共享，深入拓展区域化党建。"②"加强城乡社区党风廉政建设，推动全面从严治党向城乡社区延伸，切实解决群众身边的腐败问题。"③

（2）基层党组织是社区治理的领导核心。农村社区治理主体呈现多元化趋势，与之相伴的是各主体的利益多样化、需求多样化，甚至矛盾冲突多样化，这就更加要求加强党组织的领导核心作用。基层党组织的领导核心作用体现在政治领导、思想领导、组织领导等各个方面。① 政治领导方面，要求基层党组织要宣传党的路线、方针、政策，以确保社区治理不违背党的大政方针。例如，对中央一号文件精神的理解和解读，对精准扶贫的正确理解等。这就要求党员强化理论学习，关心国际、国内形势，只有党员自己对党的路线、方针、政策有足够准确、深入的了解，才能保证在宣传过程中保持正确的方向。现代媒体给人们的生活带来了诸多便利，也有利于获取各种信息，"学习强国"有利于村民对国家大政方针进行学习，"学习强国"里有许多与农民生活息息相关的学习平台，如农民日报、农影智造等强国号，广播频道有"中国乡村发现"，农民可以一边干农活，一边听广播，这对农民了解世界、了解中国、了解"乡村振兴""三农问题"等大有帮助。② 思想领导方面，当前的世界异彩纷呈、复杂多变，各种思想冒头，农村出现了拜金、享乐、攀比之风；红白喜事的办理越来越讲究排场、礼金水涨船高；有少

① 《中共中央　国务院关于加强和完善城乡社区治理的意见》，2017 年 6 月 12 日。
② 同①。
③ 同①。

数青年沉迷于游戏、赌博，不思进取等。这就要求基层党组织发挥思想引导作用，通过群众喜闻乐见的形式，使社会主义核心价值观深入农民心中。本文所调研的浙江省景宁畲族自治县、遂昌县的很多乡村都通过文化礼堂，采取道德宣讲、“六星评选”、乡村春晚等形式，使社会主义核心价值观深入人心。江苏省很多农村的“农民文化墙”也是宣传社会主义核心价值观很好的形式，农民耳濡目染，可潜移默化地接受熏陶。江浙一带的农民相较于全国其他地区的农民，眼界较宽，文化素质和思想素质都较高，这与当地经济发展整体态势好、改革开放程度高有关，也与基层党建效果显著，基层党组织发挥的思想引领作用有着不可分割的联系。③ 组织建设方面，要加强党的基层组织建设，当前乡村存在党支部书记难选、年轻党员不好培养的问题。村支书是乡村治理领导核心中的核心，但当前不少乡村成了“空心村”，村支书选拔缺乏合适的人选，有的村庄里“老人”一干几十年，不能适应不断变化的形势。在所调研的村庄中，也有类似的现象，但比较少，大部分书记或年富力强，或德高望重，思维大多比较活跃。而在年轻党员的发展方面，则存在较大差距，有的乡村年轻人安居乐业，积极争取入党；有的乡村较多年轻人外出打工，党组织缺乏新生力量，或有的村民虽然加入了党组织，但因为长期在外，很少参加乡村的党组织活动。在基层党支部组织建设方面，景宁畲族自治县施行了有效的举措，通过开展乡镇党委“服务指数”、村社党组织“堡垒指数”、村主要干部“规矩指数”、党员“先锋指数”四大指数考评，落实党建责任，夯实基层党建基础。

（四）社区自治组织

《中共中央　国务院关于加强和完善城乡社区治理的意见》①提出，要“注重发挥基层群众性自治组织基础作用”，“进一步加强基层群众性自治组织规范化建设，合理确定其管辖范围和规模。促进基层群众自治与网格化管理有效结合”。“充分发挥自治章

① 《中共中央　国务院关于加强和完善城乡社区治理的意见》，2017 年 6 月 12 日。

程、村规民约、居民公约在城乡治理中的积极作用，弘扬公序良俗，促进法治、德治、自治相结合。"

基层自治组织包括村委会、村民代表大会、村民小组等，它们在乡村治理中发挥着基础作用。农村基层自治组织起着"上传下达"的作用，它们一方面是乡镇政府的代言人，另一方面是村民利益的代表者，如何协调好二者的作用需要智慧。在实践中，不少乡村社区委员会成为乡镇政府政策的执行者，每天忙于乡镇政府布置的各项工作，疲于应付各种检查、评比，根本没有时间和精力真正发挥自治作用。

村民自治包括民主选举、民主决策、民主监督、民主管理。在民主选举方面，村委会和基层党组织要组织好各个环节，确保候选人的确定、公示、选举投票、监票等各个环节都符合法律规定，能够充分体现民意。特别是当前，流动人口较多，要保证这部分群众的意志能得到真正体现。民主决策方面，所调研的村庄基本都通过"一事一议"的方式，对重大民生工程、公共产品供给等进行专门的协商讨论，尽可能体现大多数村民的意志。例如，卫星村民族风情园、青少年综合实践基地的建设，城西回民村斗门塘特色田园乡村建设等。民主监督方面，乡村普遍设立了村监会等机构，村监会基本能代表不同群体的利益，定期进行财务、村务公开，接受村民的监督。民主管理方面，对村庄的日常事务，如计划生育、优抚安置、社会保障、文化活动、环境治理等方面，乡村通过网格化平台等形式保证村民的参与。

二、社会层面的主体

社会层面的主体主要是社会组织。2015 年中央一号文件明确表示："激发农村社会组织活力，创新和完善乡村治理机制。""社区社会组织是由社区居民发起成立，在城乡社区开展为民服务、公益慈善、邻里互助、文体娱乐和农村生产技术服务等活动的社会组织。"[①]《中共中央　国务院关于加强和完善城乡社区治理的意见》

---

① 《民政部关于大力培育发展社区社会组织的意见》（民发〔2017〕191 号），2017 年 12 月 27 日。

指出了社会组织的作用、类型等:“社会组织是统筹发挥社会力量协同作用,制定完善孵化培育、人才引进、资金支持等扶持政策,落实税费优惠政策,大力发展在城乡社区开展纠纷调解、健康养老、教育培训、公益慈善、防灾减灾、文体娱乐、邻里互助、居民融入及农村生产技术服务等活动的社区社会组织和其他社会组织。”[①]《民政部关于大力培育发展社区社会组织的意见》对社会组织的前景提出了设想:“力争到2020年,社区社会组织培育发展初见成效,实现城市社区平均拥有不少于10个社区社会组织,农村社区平均拥有不少于5个社区社会组织。再过5到10年,社区社会组织管理制度更加健全,支持措施更加完备,整体发展更加有序,作用发挥更加明显,成为创新基层社会治理的有力支撑。”

中共中央非常重视社会组织的发展,但从目前社会组织发展的状况来看,城市社区社会组织,特别是发达地区,如上海、江苏、浙江、广东等地区的社会组织发展得较快,体制机制也较为完善,农村社会组织发展仍然滞后。2015年5月18日,华中师范大学中国农村问题研究院发布的调查报告显示,我国农村现代社会组织呈现多样化发展,但数量偏少,规模偏小,且发展不均衡。有效村庄样本中共有626个社会组织,其中经济组织180个、文娱组织348个、民间社会组织98个,平均每村2.09个,每万人口9.3个。但这些村庄中有近四成没有成立现代社会组织,覆盖不足,各类组织也发展不均,七成以上村庄成立过为修一条路、打一口井的临时项目自治组织[②]。从我国农村当前社会组织的构成来看,有农业生产技术服务类、公益慈善类、文体娱乐类、公共服务类、邻里相助类、扶危济困类组织等,在研究对象中,还有一些涉及民族文化、民族事务的社会组织。在所调研的村庄,农业生产技术服务类的社会组织主要指集体经济合作组织、农业专业合作社等,比如景宁畲族自治县农家乐协会、民宿协会等;卫星村的庆丰果品合作社、永

---

① 《中共中央　国务院关于加强和完善城乡社区治理的意见》,2017年6月12日。

② 俞俭:《中国农村现代社会组织数量偏少、规模偏小》,2015年5月18日,据人民网:http://politics.people.com.cn/n/2015/0518/c70731-27019503.html。

生土地股份合作社、惠农秸秆综合利用合作社;好川村的竹笋专业合作社、绿森农产品专业合作社、川上花卉种植专业合作社、裕川茶叶专业合作社等、城西回民村果品专业合作社等;公共服务类的社会组织有好川村的老年协会、计生协会,城西回民村的帮困助学协会、医疗卫生志愿者协会等;南京市六合区竹镇镇竹墩社区的农民创业协会、残疾人协会;文化娱乐类的社会组织有南京市六合区竹镇镇竹墩社区民族文娱协会、扬剧团,好川村的旗袍协会、歌舞协会等;民族类的社会组织有南京市六合区竹镇镇竹墩社区民族志愿者协会等。

当前农村社会组织的发展,是对政府、社区自治组织作用发挥不足的有效补充。农村社会组织能够为农民提供农业生产技术服务,在调研过程中发现,城西回民村的果品专业合作社对当地小农的水果种植、销售,以及组织农民扩大经营规模都起到了积极作用;三仁乡茶叶类、竹笋类的专业合作社对培训、提升农民专业技术,组织生产和销售同样起到了积极作用;秸秆综合利用专业合作社则对秸秆的焚烧处理、循环利用、减轻环境污染作用显著。公共服务类、公益慈善类的社会组织有效弥补了政府公共服务供给的不足,使村民在医疗卫生、就业创业、养老、贫困生受教育、残疾人生存等方面得到了保障。文体娱乐类社会组织丰富了村民的文化生活,歌舞协会、旗袍协会、扬剧团等使村民在辛苦劳作之余,精神文化生活得到了很大满足,农闲时节也不再局限于打牌、打麻将或街头巷尾闲聊,而是有了更高层次的精神追求。社会组织还有利于传承民族生活方式和民族文化,民族志愿者协会等社会组织的存在,使少数民族村民在精神上有所依托,在增强社区归属感的同时,增强了民族认同感和归属感。另外,还有矛盾调解类的组织,比如治安联防队、矛盾调解委员会、老人协会,它们一方面承担着组织老年人活动的职能,另一方面也对维护乡村的社会秩序起到重要的作用。正如亨廷顿所指出的:“组织是通向政治权力之路,是政治稳定的基础,同时也是政治自由的先决条件。”[①]农村的社会组织不仅保障了农民的政治权利的实现，而且有利于维护农村社会稳定。另外，浙江很多地方的乡贤理事会、乡贤参事会等，在乡村社区治理的很多方面都起到了积极作用。

在看到社会组织积极作用的同时，我们也不能忽视其不尽如人意的地方。有些地方的社会组织存在“空转”现象，即虽然设立了社会组织，但名存实亡。笔者在访谈中也注意到，有的社会组织能够起到其应有的作用，但有的只是徒有虚名，有的村委会干部直言不讳：“这些都是为应付上级检查成立的，抓生产、抓环保就够忙了，实在没有精力再忙专业合作社。”有的社会组织负责人也坦然承认成立社会组织是为了配合村里的工作，其实并没有起到什么实际作用。另外，在所调研的村庄中并没有发现宗族组织、宗教组织对社区治理的影响，但从其他乡村的观察及阅读的文献中发现，有不少乡村的宗族组织、宗教组织起着重要作用，但这些组织的发展令人喜忧参半。还有一些地方存在黑恶势力组成的组织，这都是在农村社会组织发展过程中值得注意和警惕的地方。

三、个人层面的主体

农村社区治理效果究竟如何，最终还是要看普通村民的参与意识和参与能力。从当前乡村治理的实际来看，村民参与体现出以下特点：其一，参与意识较强、参与行动不足。从总体而言，当前村民参与乡村治理的意识，尤其是江浙一带所调研乡村村民的民主意识较高，特别是在民主选举层面，比较清楚自己的权利、义务。但从参与行动来看，他们对与自身利益密切相关的事务参与的积极性较高，比如竹墩社区回民在回民小区规划和建设过程中的参与；但当涉及一些与自己没有直接利益关系的公共事务时，村民的参与积极性和参与程度明显不够。比如，关于少数民族特色村寨的规划、民族风情园的规划、村庄的长远发展规划等，大多数村民

① 塞缪尔·P. 亨廷顿：《变化社会中的政治秩序》，王冠华、刘为等译，上海人民出版社，2008，第7页。

表示“不知道”“不关心”等。对村务公开、财务公开、党务公开等，也有不少村民表示“没兴趣”“不关我的事”，这一方面与村民自身的参与意愿有关，另一方面也与参与渠道不够畅通有关。特别是关系村庄规划、发展大计的村务，大多是乡镇政府与专业的规划设计院或职能部门沟通，而没有征求村民的意见。其二，制度性与非制度性参与并存（理性与非理性参与并存）。当前村民在参与治理的过程中，大多通过制度化的渠道进行，参与方式也比较理性；但仍然存在非制度化、非理性参与的现象。在笔者阅读的乡村记录文献中发现，民主选举过程中有收受贿赂的现象；在征地拆迁过程中，因为不满补偿，出口中伤甚至大打出手的现象时有发生。

上文是对普通村民在乡村社区治理中参与状况的分析，在乡村中还存在乡村精英，包括经济精英、文化精英、科技精英、德高望重者等。乡村精英在乡村社区治理中所发挥的作用不可小视。例如好川村的宋彰才老先生，他的根雕艺术馆为当地中小学提供了实践教学基地，其对畲族文化保护与传承的积极呼吁也引起了当地政府的重视，他经常与省内外社会各界交往互动，提高了好川文化和好川村的知名度和影响力。再比如，好川村的大学生对现代科技掌握得很熟练，电商做得有声有色，收益颇丰，他们通过自身的行动带动了周围村民。在遂昌县浓郁的电商氛围和周边人的影响下，好川村不少村民通过网络平台销售番薯干、黄米粿、茶叶、竹笋等农产品，而且有不少电商加盟了“赶街”集团，这为当地的乡村社区治理创造了良好的经济环境。景宁畲族自治县大均乡大均村浮伞仙居的经营者林孟娟有丰富的人生阅历，在杭州打过工、在县里办过幼儿园，现在经营浮伞仙居和大均宾馆，其视野非常开阔，经常参加农家乐、民宿的培训，还到台湾交流民宿设计、经营经验，她热情好客，与客人积极互动，甚至与国外友人也有着较为充分的交流，林孟娟积极向其他民宿经营者介绍经验和客户，对当地民宿、农家乐的发展起到了很好的带头示范作用。

除了各级政府、村民自治组织、农村社区党组织、各种社会组织、普通村民、村庄精英等，工商资本、媒体等也在乡村治理中发挥着很大作用。特别是景宁畲族自治县李宝村，工商资本的注入极大地改善了社区治理环境，提升了社区治理质量；在大均乡农家乐、民宿的发展过程中，传统媒体、新媒体都功不可没。另外、高校、科研院所的学者也参与到乡村社区治理过程中来，为乡村社区治理献计献策。

总之，当前乡村社区治理呈现出主体从单一化向多元化转变、从静态向动态转变的发展趋势，这一趋势给乡村社区治理带来生机和活力，但同时也带来一系列挑战。那么，如何进一步完善参与式治理的机制，又该为参与式治理提供什么样的保障，才能真正发挥参与式治理的作用，进而实现有效的乡村社区治理及乡村社区善治呢？

第二节　完善参与式治理机制

当前，长三角地区聚居性少数民族农村在社区治理中，过去的行政主导式的一元化治理已成为历史，多元主体参与治理已成为常态，只是不同的村庄，由于各自历史文化传统、人口构成、产业结构、经济发展程度、资源禀赋等条件不同，各主体在治理过程中所发挥的作用也不尽相同，参与式治理机制还不够健全。要想提高参与式治理的效果，需要进一步完善参与式治理机制。

一、“一核多元”机制

“一核多元”机制是指以党组织为领导核心，多元主体共同参与治理的机制。

党的领导核心地位体现在政治领导、组织领导、思想领导等各个方面。第一，加强党组织的政治领导。当前，要加强基层党组织的领导，不仅仅要增加基层党组织成员数量，而且要提升普通党员的素质，使他们真正发挥先锋模范作用。要坚持“三会一课”等制度建设，“三会”指定期召开支部党员大会、党支部委员会和党小组会,“一课”指按时上好党课。“三会一课”是党组织生活的基本形式,是加强党员日常教育管理监督的主要途径。坚持每个季度召开一次党员大会,每个月召开一次党支部委员会,每个月召开一次党小组会,及时学习党的方针政策,有条件的社区或者几个社区联合,可以聘请党校、普通高校、科研院所的相关专家举办讲座,拓宽党员的视野。江浙一带的乡村大多有每月党员日活动,党员日活动的内容很丰富,比如竹镇的党员日活动组织参观竹镇抗日民主政府、李元龙纪念馆等,党员接受了革命传统文化的熏陶,进而激发其发扬优秀传统革命精神,强化为人民服务的意识;最常见的党员日活动是维护居住的环境、清理垃圾等。常州市武进区则有“冬训”传统,每年元旦前后,会请党校专家办讲座,并商讨村内事务,党员和村里其他代表共同参与。第二,完善组织建设,有条件、有必要的地方进行“联合党建”。江浙一带很多村庄经济比较发达,不仅仅是经营农业,不少地方还有驻村企业,比如城西回民村、竹镇竹墩社区。社区和企业联合党建,可以增强社区和企业党组织的战斗力,让企业更了解社区、社区更了解企业,进而更好地发挥企业党组织及党员在社区治理中的作用。第三,加强基层党组织民主化、法治化、科学化建设。“党执政方式的民主化、法治化、科学化是提高党执政能力的有效途径。”①衡量一种政党政治制度是不是民主政治实现形式,“关键不在于政党政治自身的形式是不是竞争性的,而在于它是否反映并实现了民主的价值,也就是说,要用价值和内容来衡量形式”②。党内民主建设对巩固基层党组织的领导核心地位同样重要,而且尤其艰巨。基层党组织法治化建设不仅包括“硬法”,还包括“软法”。我国没有政党法,但在《中华人民共和国宪法》里肯定了党的领导地位。2018 年 3 月 11 日,十三届全国人大一次会议第三次全体会议通过了《中华人民共和国宪

① 张慧卿:《政治秩序视角下的执政党能力建设——兼评亨廷顿政党政治思想》,《学习论坛》2013 年第 9 期。

② 周淑真、柴宝勇:《政治制度价值的普适性与多党合作制度形式的民族性》,《探索与争鸣》2009 年第 1 期。

法修正案》。其中,充实坚持和加强中国共产党全面领导的内容,是此次修宪的一个亮点。“软法”是指党的一些规章、条例、制度,例如《农村基层干部廉洁履行职责若干规定(试行)》(2011 年 5 月 23 日印发)、《中国共产党支部工作条例(试行)》(自 2018 年 10 月 28 日起施行)、《中国共产党农村基层组织工作条例》(自 2018 年 12 月 28 日起施行)、《党政领导干部考核工作条例》(自 2019 年 4 月 7 日起施行)、《党政领导干部选拔任用工作条例》(自 2019 年 3 月 3 日起施行)、《脱贫攻坚责任制实施办法》(自 2016 年 10 月 11 日起施行)等,都对农村基层党组织起着直接或间接的约束作用,农村社区党组织的活动应当依法、依规进行。党建的科学化是指基层党组织在乡村治理过程中,要以科学发展观为指导,避免任性、专断、侵害群众利益的事情发生,要坚持理论与实际相结合,注重以情动人、以理服人,并能与时俱进,充分利用信息化手段,提高领导效率和领导水平。

参与式治理,要在发挥党的领导作用的前提下,充分发挥多元治理主体的作用,其中最关键的是发挥普通村民的作用。当前在乡村治理过程中,最大的问题是普通村民作用发挥不足,在我们所调研的聚居性少数民族农村社区同样如此。要想让普通村民真正参与到乡村治理的过程中来,最关键的是要培养村民的公民意识。公民意识的培养,一方面离不开公民教育;另一方面需要通过参与治理的实践来培养。通过实践养成公民意识,是最直接、最有效的途径,从前文的分析可以看出,尽管当前村民在社区治理的过程中有一定的参与,但其参与程度及对改善治理现状的作用仍远远不够。要想让公民更主动、更有效地参与乡村社区治理,需要进一步扩大信息公开程度,进一步保障村民的知情权,进一步引导村民理性参与,并反馈参与结果,接受村民的监督。村民只有真正看到自己的参与对乡村生活所产生的影响,才有进一步参与的积极性,才能在参与过程中逐步强化其公民意识。除了普通村民,乡村精英、社会组织都发挥着不可低估的作用。笔者将在“三社联动”机制部分进一步分析社会组织如何有效促进乡村善治,并在“三治结合”

部分进一步分析乡村精英或“新乡贤”的作用。

二、“三社联动”机制

“三社联动是指社区、社会组织、社会工作者这三方面在党和政府的领导下相互扶持、协调的一种机制。其中,社区提供平台,社会组织为服务载体,社会工作者为专业人才支撑。”①

“三社联动”机制的雏形是2004年上海提出的“社区、社工、社团三社互动”机制,随后广东、江苏、浙江等经济社会发达地区进一步推动了“三社联动”机制的发展。从我国“三社联动”机制的发展现状来看,上述经济社会发达地区城市社区已建立了相对完善的“三社联动”发展机制,“三社联动”机制在城市社区治理的过程中发挥了积极作用。但在农村社区治理中,鲜有“三社联动”机制的成功应用案例,这也是今后农村社区治理需要努力的方向。2019中央一号文件的发布使农村社会组织迎来了发展的春天,文件中指出,“鼓励社会力量积极参与,将农村人居环境整治与发展乡村休闲旅游等有机结合”②。另外,在脱贫攻坚、提升农村公共服务水平方面也突出强调了社会力量参与的重要性。《中共中央　国务院关于加强和完善城乡社区治理的意见》中提出:“推进社区、社会组织、社会工作‘三社联动’,完善社区组织发现居民需求、统筹设计服务项目、支持社会组织承接、引导专业社会工作参与的工作体系。鼓励和支持建立社区老年协会,搭建老年人参与社区治理的平台。增强农村集体经济组织支持农村社区建设能力。积极引导驻社区机关企事业单位、社会力量和市场主体参与社区治理。”③足以看出国家对农村社会组织发展以及“三社联动”机制重要性的认识。

“三社联动”机制需要农村社区提供联动平台。从调研的社区

---

① 孔令颖:《“三社联动”的社区治理与服务创新——基于治理结构与运行机制的探索》,《劳动保障世界》2018年第2期。

② 《中共中央　国务院关于坚持农业农村优先发展做好“三农”工作的若干意见》,人民出版社,2019,第9页。

③ 《中共中央　国务院关于加强和完善城乡社区治理的意见》,2017年6月12日。

来看,社区居委会基本都能满足社会组织活动场所、设备配备方面的需求,这是“三社联动”的前提,但当前我国并不是所有的农村社区都能做到这一点。当前制约大部分农村实施“三社联动”机制的因素,主要是缺乏专业性的社会组织和专业性的社会服务项目。虽然部分农村也有一些专业性的社会组织开展公益服务项目,比如关爱留守儿童的公益项目;一些国际组织基金会在云南、四川、贵州等地开展的参与式扶贫项目;一些发达村庄,比如张家港市永联村的社会组织与其他主体进行的有效联动,但这些相对于全国的村庄而言,是远远不够的。要想发挥“三社联动”机制在乡村治理中的作用,前提是培育专业的社会组织,进一步完善内生的社会组织。在培育专业的社会组织的过程中,可以借鉴城市社区社会组织发展的经验,城乡结对,协同发展,也可以像陕西省白水县那样借助国际组织,以及国内一些慈善基金会的力量,推动专业性社会组织的培育。在此过程中,应当发挥乡镇政府、县级政府及基层党组织的作用,相关党政机构应当做好孵化培育工作,为其发展创造良好的环境。在专业性社会组织培育过程中,还应当处理好专业性社会组织与社区志愿者组织之间、专业社会工作者与社区志愿者之间的关系,要把专业性社会组织及社会工作者的专业知识与社区志愿者组织及志愿者的地方认知结合起来,真正做到理论指引与实际需求相结合。在项目设计过程中,要充分考虑社区居民的需求,同时要发挥社区居民在执行、监督过程中的作用。

总之,要想发挥“三社联动”机制在农村社区治理中的作用,需要社区、社会组织、社会工作者联动,同时基层政府和党组织也要为其提供良好的环境,包括政策、资金等方面的支持等。另外,也是最关键的因素,“三社联动”服务的主体是村民,关注的是普通村民的需求和利益。如果不能满足普通村民的利益和需求,不管机制设计得多精妙,服务项目看起来有多完美,都是空中楼阁、镜花水月。

三、协商互动机制

中共中央办公厅、国务院办公厅《关于加强城乡社区协商的意见》提出了城乡社区协商的总体目标:“到2020年,基本形成协商主体广泛、内容丰富、形式多样、程序科学、制度健全、成效显著的城乡社区协商新局面。”

在调研过程中,笔者发现在乡村治理过程中,各地探索出了各种各样的协商互动形式。村庄事务纷繁多样,但都有一些常规性事务,村委会会根据需要召集村民代表、党员代表等进行协商,并记录在册;在涉及乡村重大决策时,会召集全体村民召开村民代表大会,集思广益,充分听取村民建议,比如竹镇镇竹墩社区回民小区新建、雪堰镇城西回民村“美丽乡村”建设等;这里特别值得一提的是景宁畲族自治县的“乡会村开”机制。景宁畲族自治县的“乡会村开”是将乡镇党委会、班子会、工作会开到农民家门口,直指社村发展大计、发展难题,这种方式在景宁的乡镇已经蔚然成风。景宁的“乡会村开”不仅仅是发展谋划会,还开成了乡务公开会、民主恳谈会、示范带动会、关系协调会。在沙湾镇,镇班子会议邀请油茶种植大户、合作社负责人参加,在各村进行油茶种植示范讲解;在雁溪乡,针对大丘田村金银花基地建设过程中遇到的资金整合、项目包装等难题,乡党政班子及时召开“培育产业发展,壮大集体经济”现场会,统一了村两委干部思想,消除了群众心中的疑虑,使项目得以顺利推进。针对乡村具体事务的协商,则召集利益相关者参与协商会议。笔者在调研过程中观察到,李宝村云中公社项目涉及李宝村很多村民的利益,会有针对性地召集村民进行协商,比如种什么样的作物、怎样种等;若涉及招商引资的问题,乡镇工作人员也会参与进来。遂昌县三仁乡好川村在少数民族特色村寨建设过程中,围绕上什么项目、预算多少、资金如何筹集、项目如何执行等等,在村委会、文化礼堂、田间地头进行过无数次的协商,经常吵到面红耳赤,相互辩驳,最终达成共识,项目得以顺利实施。

各地乡村在社区治理过程中,虽然进行了各种各样的协商互动探索,但在协商过程中具有较大的随意性,协商机制还不够完善。温岭“民主恳谈会”的经验值得借鉴,协商互动应当有章可循。

在协商之前,应当提前一定时间(根据协商事项的复杂程度确定提前通知的日期,如五天、十天等)通知协商主体,并进行相关政策的普及宣传,如果涉及专业知识,也要让村民提前了解,这样协商主体就会有一定的心理准备,避免了协商中的盲目性或意气用事。在协商过程中,应当由具有一定专业知识储备和威望的人来主持协商,主持人要把握协商进程,保证协商过程始终围绕所讨论话题展开,提高协商效率;不同主体的利益诉求不同,在协商过程中,冲突在所难免,如何引导不同的利益主体理性地商谈,对主持人是极大的考验;经过多轮协商,最终达成共识或者相对共识,协商过程结束;协商结果要通报给利益相关者和村民,并接受村民的监督。只有建立制度化、常态化的协商机制,才能保证社区治理过程真正实现民主化、科学化、高效化。

第三节　参与式治理的保障

参与式治理机制的完善,需要治理理念、治理方式、治理平台等方面的保障。

一、治理理念的转变

具体而言,国家层面的治理主体要实现从“管理意识”到“服务意识”的转变;个人层面的治理主体要实现从“为我作主”到“由我作主”的转变;社会层面的主体要实现从“动员参与”到“主动参与”的转变。

基层政府、基层党组织、村委会等国家层面的治理主体,在乡村治理过程中,要转变观念,树立为民服务的意识。观念是行动的先导,只有观念转变了,才会有自觉的行动。基层政府、基层党组织、村委会等主体始终要从村民的利益出发,其行动逻辑应始终是跟从村民需要的公共服务。景宁畲族自治县的“乡会村开”就体现了这一点,“乡会村开”就是为了发现群众亟须解决的问题,方便群众参与其中。景宁畲族自治县大均乡伏叶村有“党员爱心农场”,在该农场栽种的蔬菜都被送到老人们的手里,使他们能够吃上新鲜蔬菜;大均乡各村还设立了一些“党员爱心服务点”,一部分党员家门前挂着“党员爱心服务站”的牌子,村民有什么需要、困惑,可以随时踏进这些爱心服务站,这些党员会及时为村民排忧解难。畲寨还有一些居民住在云和县的山头上,交通不便,已经搬下山的畲族村委会、党委会成员逢年过节都会不辞劳苦、翻山越岭去探望山头上的村民。丹徒区世业镇,包括卫星村村委会、党委会成员每年都会自掏腰包助养一些年龄大、身体不好的老人。城西回民村每年都会奖励当年考取大学的学生,还有表现优秀的中小学生,其中不仅有驻地企业的参与,党组织、村委会也都发挥了积极作用。这一层次主体单单发挥带头示范作用还远远不够,还要有为全体村民服务的意识,李宝村云中公社的引进,就是当地乡政府、村级组织为了帮助全体村民依靠本地资源勤劳致富所争取到的项目,这一项目也确实让这个曾经封闭、贫穷的小山村村民的生活状况得到了很大改善。大均乡民宿、农家乐、农业综合体的发展都离不开乡镇、村级组织的深谋远虑。好川村用心打造“好川文化”“畲族文化”品牌,也是出于服务当地村民的考虑。卫星村青少年综合实践教育基地、民族风情园都是镇政府、村组织考虑当地村民的切身利益所引进的项目,在访谈中,当地村民也由衷地表示感谢。

个人层面,普通村民的观念应当实现从“为我做主”向“由我做主”的转变。我国传统文化中有着强烈的“清官期盼意识”,“当官不为民做主,不如回家卖红薯”就是这种意识很形象的表现。老百姓“公民意识”不足,农村相对城市而言,受现代化潮流的冲击较弱,村民的观念相对保守一些。江浙一带经济发达,人口流动性强,但仍有少部分村民权利意识、参与意识淡漠,大事小事都希望家族中有威望的人或村委会来做主,而不是积极主动地参与其中,表达自己的利益诉求和所思所想。“等、靠、要”的思想不利于乡村治理民主化、现代化的实现。只有每个个体真正积极、主动、理性地参与到村庄公共事务治理中;只有每个村民都树立起村庄事务“由我做主”,而不是“为我做主”的意识,乡村社区治理才能真正体现民心、顺应民意。

社会层面的主体，即各种类型的社会组织，包括社区内生型的组织及外来嵌入型的组织。从总体而言，当前社会组织存在类行政化的现象，很多组织是应政府的要求设立的，或者村委会为了应付上级检查成立的。这些组织，特别是一些为农村生产服务的集体经济组织和农业合作社，参与乡村社区治理时缺乏积极性、主动性。当然，也有一些社会组织积极参与乡村治理，特别是一些文体娱乐类的组织，比如好川村的歌舞协会，经常组织村民参加文化礼堂的歌舞活动，以及县里组织的各种比赛，丰富了村民的精神文化生活。还有一些公益慈善类的组织也在乡村治理中发挥了积极作用，比如城西回民村的助学协会定期资助贫困学生及奖励优秀学生。但从整体而言，乡村的社会组织积极参与治理的意识和行动都是不足的。乡村治理，不仅仅要依靠政府行动、社区组织行动、基层党组织行动，还要靠村民积极行动和社会组织积极行动。只有多元主体积极协调互动，才能使乡村社区治理的活力真正发挥出来。

二、“三治结合”的治理体系

村民自治从20世纪80年代实行到现在，促进了农村民主政治建设的发展，但在实践过程中也暴露了一系列弊端，特别是乡镇政府与基层自治组织、村两委之间的权力边界一直不是很清晰的问题，相当一部分村民的参与意识和参与行动也很不够。单独来看，法治太“硬”，德治太“软”，自治太“任性”①。为了弥补村民自治的不足，“三治结合”的治理体系应运而生。“自治、法治、德治”三治结合的治理体系，源于浙江省桐乡市高桥镇2013年的探索。桐乡市建立了“两会”“三团”结合的“三治结合”型乡村治理体系，“两会”即百姓议事会、乡贤参事会，“三团”即百姓参政团、法律服务团、道德评议团，给村民的生活提供了很多便利，也极大地提高了治理效果。

---

① 侯宏伟、马培衢：《“自治、法治、德治”三治融合体系下治理主体嵌入型共治机制的构建》，《华南师范大学学报（社会科学版）》2018年第6期。

乡村自发进行“三治结合”实践，经过四年探索，得到了中央肯定。十九大报告强调“加强农村基层基础工作，健全自治、法治、德治相结合的乡村治理体系”①。2018 年中央一号文件《中共中央　国务院关于实施乡村振兴战略的意见》规定：“必须把夯实基层基础作为固本之策，建立健全党委领导、政府负责、社会协同、公众参与、法治保障的现代乡村社会治理体制，坚持自治、法治、德治相结合，确保乡村社会充满活力、和谐有序。”②2018 年 9 月《乡村振兴战略规划（2018—2022 年）》规定：“坚持自治为基、法治为本、德治为先，健全和创新村党组织领导的充满活力的村民自治机制，强化法律权威地位，以德治滋养法治、涵养自治，让德治贯穿乡村治理全过程。”③

“三治结合”要以自治为基、法治为本，德治为先。自治是根本，法治是保障，德治则起到先行者、润滑剂的作用。自治要想取得实效，前提是对自治有足够的认识和理解，当前，《中华人民共和国村民委员会组织法》里虽然明确规定了自治包括民主选举、民主决策、民主监督、民主管理。但在村民自治的具体实践中，很多人都把自治仅理解为选举。而事实上，自治不仅仅是选举，更重要的是参与治理。立足于村民热爱家乡而激发出的参与精神，不断完善村民自治的各项制度，并与德治、法治相结合，乡村社区治理方能高效。

法治是“三治结合”的保障。乡村治理要依法而进。2018 年《中共中央　国务院关于实施乡村振兴战略的意见》明确提出，“乡村振兴，治理有效是基础”④“坚持法治为本，树立依法治理理

---

① 习近平：《决胜全面建成小康社会，夺取新时代中国特色社会主义伟大胜利——在中国共产党第十九次全国代表大会上的报告》，人民出版社，2017，第 32 页。

② 《中共中央　国务院关于实施乡村振兴战略的意见》，2018 年 2 月 4 日，据中国政府网：http://www.gov.cn/zhengce/2018-02/04/content_5263807.htm。

③ 《乡村振兴战略规划（2018—2022 年）》，人民出版社，2018，第 70、71 页。

④ 同②。

念”①。要实现法治，首先要有法可依，当前“三农”问题存在立法滞后、可操作性不强的问题，十八届四中全会的报告指出“实现立法和改革决策相衔接，做到重大改革于法有据、立法主动适应改革和经济社会发展需要”②。“三农”立法还没有跟上经济社会发展和改革的需要。目前关于农村产权制度改革，承包地“三权分置”等方面的立法都很不足。另外，依法治村，不仅要遵循国家发布的宪法、法律法规、规章制度，还要遵循村规民约等家喻户晓的规则，而村规民约更贴近老百姓的生活，老百姓也更容易接受。实现法治，良好的法治文化、法治氛围也起到重要作用。我国“人治”传统深厚，老百姓法治意识比较薄弱，农村尤其如此，人们更多地希望通过伦理来调节人与人之间的关系，认为“无讼”才是理想的社会秩序。老百姓法律意识、乡村法治文化的培养任重道远。城西回民村在这方面取得了很大的突破，该村是“民主法治村”，有法治博物馆，很好地把法治建设与民族传统结合起来。卫星村等其他村庄也都有人民调解员、法律援助等，法治正在逐步渗入乡村治理体系。

德治方面，要发扬乡村传统美德。传统乡村中人与人之间有着不假思索的信任，村民善良质朴、团结和睦、邻里互助。市场经济和现代化的浪潮对乡村美德也有一定程度的冲击，李宝村的“伦理重建”正试图恢复乡村社会的传统美德，其成效甚为显著。“道德评议团”以及“最美婆婆”“最美媳妇”“最美家庭”“最美乡村医生”，还有各种“星级评选”都是促进德治建设的有效途径。通过这些评选可以弘扬嘉言善行、公序良俗，但也要注意不能将评选流于形式。德治建设还离不开“新乡贤”的积极作用。当前，浙江、广东等地的乡贤理事会、乡贤参事会等在乡村治理中发挥着不可小视的作用。正是因具有道德治理主体的“理想观察者”身份，“新乡

① 《中共中央国务院关于实施乡村振兴战略的意见》，2018 年 2 月 4 日，据中国政府网：http://www.gov.cn/zhengce/2018-02/04/content_5263807.htm。

② 《中共中央关于全面推进依法治国若干重大问题的决定》，2014 年 10 月 29 日，据中国共产党新闻网：http://cpc.people.com.cn/n/2014/1029/c6438。

贤”成为超脱村两委与村民的“第三方”,因此在对利益的冲突进行协商沟通与对话时,才赢得村民的信任。理想的“乡贤参事会恰恰在多元参与这一点上,体现了‘精英民主’与‘大众民主’的融合,而不是以精英挤压大众”①。

自治、德治、法治三者应相互促进、相互融合,在乡村治理中,应当把它们看成完整的体系。

三、搭建信息化的治理平台

“现代信息技术是实现农村社区治理现代化的重要支撑。要提高(编者注:丰富)农村社区治理主体的现代化治理手段,就要顺应和引领社会发展的时代要求,紧紧围绕互联网、物联网、大数据、云计算等新一代信息技术,打造农村社区治理主体现代化、信息化服务平台,实施‘互联网+农村社区治理’模式,全面提升农村社区治理能力。”②要想打造信息化治理平台,首先要保证信息化的基础设施,同时治理主体要有运用现代信息技术提升社区治理水平的意识。每个村庄都应当有自己的网站,而且信息要及时更新。网站信息如果更新迟缓,村民无法在网站上获取最新的消息,网站也就形同虚设。农村在信息化建设的过程中,应当顺应当前农村变化的需要,例如目前许多村庄有大量人口外出务工,为了让外出务工村民及时了解村庄事务,应当及时在网站上做好村务、财务、党务信息公开,可以仿效政府网站的做法,设置“公众参与”版块,就村庄的一些重大决策及日常事务收集村民的建议,并给予积极的回应。还可以开设公共论坛,就村庄事务展开开放式讨论,集思广益。在选举过程中,对一些无法到现场参加选举的村民,也可以采用电子投票方式,以便其真实意愿能够得到表达。对于长期居住在村庄的外来人口,也要通过信息平台保障其参与村庄公共事务的权利。乡村也可以设立微信公众号,通过关注微信公众号,村民

---

① 郭夏娟、秦晓敏:《“三治一体”中的道德治理——作为道德协商主体的乡贤参事会》,《浙江社会科学》2018 年第 12 期。

② 崔云朋、乔瑞金:《农村社区治理主体的实践困境与制度突破》,《社会治理》2017 年第 6 期。

可及时了解村庄信息。建立村庄网站和微信公众号从技术上来讲是可以做到的,现在每个村庄基本都有大学生村官,大学生村官一般都可以解决这些问题,也可以通过技术培训培养专门的网站、公众号负责人。

要打造信息化治理平台,公共服务平台也是必不可少的。当前,江浙一带的村庄大多有便民服务中心,且有专门的工作人员负责。但在调研过程中笔者也发现,并不是所有地方的便民服务中心的运行状况都很理想。比如浙江省遂昌县,原本每个村庄都有专职代办员,尤其是对住在高山地区或者行动不便的村民而言,极大地方便了村民的日常生活,但随着运营企业倒闭,专职代办员失去了收入来源,只有有限的几个村庄还有专职代办员,大部分村庄的便民服务中心的便民功能大打折扣。集产品、服务、信息、技术为一体的综合性服务平台——农业科技服务超市也是乡村社区治理的有效信息化平台。在调研过程中笔者发现,江苏省的农民比较充分地利用了这一平台。

另外,网格化治理是保证信息化平台有效运行的方式。在网格化治理方面,浙江、江苏也是走在全国前列的,比如 2007 年开始的“网格化管理、组团式服务”的“舟山模式”,2014 年“农村基层全员全科网格管理的义乌模式”①。笔者调研的不少村庄都有丰富的网格化治理经验,比如卫星村。从图 6-1 中可以看出,卫星村分为 5 个网格,每个网格有 2~3 个村民小组,每个网格有 256~718 人。每个网格有网格长,还有民情信息员。另外,社区还有老年协会、文体协会、巾帼志愿者服务队、关工委、老年体协等社会组织;秸秆利用回收专业合作社、植保服务专业合作社、土地股份专业合作社等经济合作组织。社会组织、经济合作组织与网格相结合,有利于搜集民情,促进社区治理信息化。

我国地域辽阔,不同区域农村经济发展状况、民主政治建设基础、文化传统、自然地理条件等有很大的差异,农村社区治理应当

① 鲁可荣:《农村社会组织建设与农村基层社会治理创新——基于浙江实践的研究》,山东人民出版社,2015,第 170-177 页。

从本地实际出发,可以借鉴吸收长三角地区聚居性少数民族农村参与式治理的经验,从中总结教训并加以改善,以提高乡村治理效果,进而推动乡村振兴。

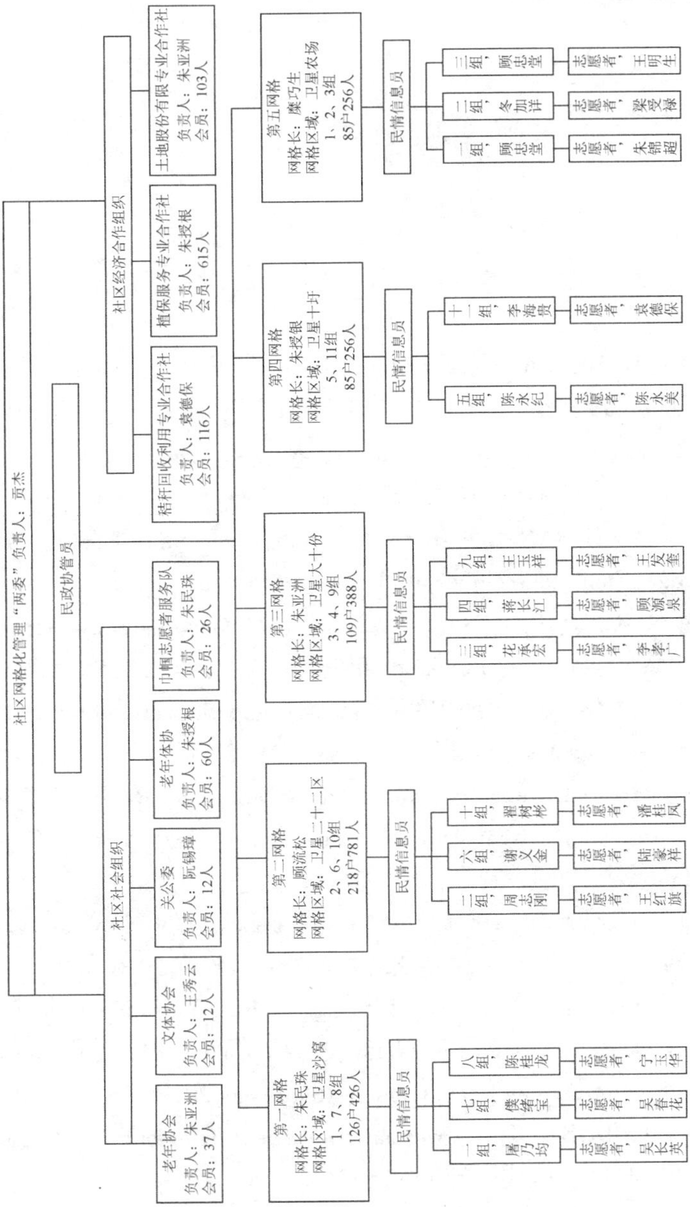

图6-1　世业镇卫星村社区网格化管理组织网络图

参考文献

外文著作类

[1] DUBEY A. Democratic Governance [M]. Delhi: Kalinga Publications, 1996.

[2] FUNG A. Deepening Democracy: Institutional Innovations in Empowered Participatory Governance[M]. New York: Verso, 2003.

[3] PATEMAN C. Participation and Democratic Theory [M]. Cambridge: Cambridge University Press, 1975.

[4] GOLDSMITH S, EGGERS W D. Governing by Network [M]. Washington DC: Brookings Institutional Press, 2005.

[5] PARRY G, ANDERSON B. Participation in Politics [M]. Manchester: Manchester University Press, 1972.

[6] HE H. Governance, Social Organisation and Reform in Rural China: Case Studies from Anhui Province [M]. New York: Palgrave Macmillan, 2016.

[7] HOOD C. HEALD D. Transparency: The Key to better governance? [M]. Oxford: Oxford University Press, 2006.

[8] HEINELT H, SMITH R. Sustainability, Innovation and Participatory Governance: A Cross-National study of the EU Eco-Management and Audit Scheme[M]. London: Routledge, 2019.

[9] HODGE I. The Governance of The Countryside [M]. Cambridge: Cambridge University Press, 2016.

[10] LU J. Varieties of Governance in China: Migration and Insti-

tutional Change in Chinese Villages[M]. Oxford: Oxford University Press, 2015.

[11] FORESTER J. The Deliberative Practitioner: Encouraging Participatory Planning Processes [M]. Cambridge: The MIT Press,1999.

[12] GILSON K. Too Much Aid Not Enough Help[M]. Dublin: Columbia Press, 2010.

[13] OSTROM E. Governing the Commons: The Evolution of Institutions for Collective Actions[M]. New York: Cambridge University Press,2015.

[14] PEREZ-DIAZ V M. The Return of Civil Society: The Emergence of Democratic Spain[M]. Gambridge: Harvard University Press, 1998.

[15] HUBBARD R G, DUGGAN W. The Aid Trap: Hard Truth about Ending Poverty[M]. Warrenton: Columbia Business School Publishing,2009.

[16] SHAND R. The Governance of Sustainable Rural Renewal [M]. London: Routledge Press,2018.

[17] ROSENAU J N. Governance without Government: Order and Change in World Politics [M]. Cambridge: Cambridge University Press, 2008.

[18] DAS S D. Decentralized Planning and Participatory Rural Development[M]. New Delhi: Concept Publishing Company, 2006.

[19] WHITE S A. Participatory Communication: Working for Change and Development[M]. New Delhi: Sage Publications, 1994.

中文著作类

[1] 白友涛. 盘根草:城市现代化背景下的回族社区[M]. 银川:宁夏人民出版社,2005.

[2] 陈建樾. 中国民族地区经济社会调查报告:景宁畲族自治

县卷[M].北京:中国社会科学出版社,2015.

[3] 陈晓莉.新时期乡村治理主体及其行为关系研究[M].北京:中国社会科学出版社,2012.

[4] 费孝通.乡土中国　生育制度[M].北京:北京大学出版社,1998.

[5] 费孝通.中国士绅:城乡关系论集[M].北京:外语教学与研究出版社,2018.

[6] 费孝通.中华民族多元一体格局[M].北京:中央民族大学出版社,2018.

[7] 付翠莲.乡村振兴战略背景下的农村发展与治理[M].上海:上海交通大学出版社,2019.

[8] 高峰,马德峰,王俊敏.一个苏南乡村的治理之道[M].苏州:苏州大学出版社,2018.

[9] 龚上华.农民思想意识流变视域中的乡村治理:基于改革开放以来长三角地区的实证分析[M].杭州:浙江大学出版社,2015.

[10] 郭献进,梁立新,彭兵.参与式发展:外援与民族地区自主发展[M].北京:中国社会科学出版社,2018.

[11] 郭志超.畲族文化论述[M].北京:中国社会科学出版社,2009.

[12] 郝时远.中国共产党怎样解决民族问题[M].南昌:江西人民出版社,2018.

[13] 贺雪峰.新乡土中国[M].北京:北京大学出版社,2013.

[14] 贺雪峰.村治[M].北京:北京大学出版社,2017.

[15] 贺雪峰.乡村治理与农业发展[M].武汉:华中科技大学出版社,2017.

[16] 贺雪峰.最后一公里村庄[M].北京:中信出版社,2017.

[17] 黄淑娉,龚佩华.文化人类学理论方法研究[M].广州:广东高等教育出版社,2004.

[18] 纪丽萍.苏南农村公共文化建设:理论与实践[M].

南京:南京师范大学出版社,2015.

[19] 贾德铮.侗族旅游村寨协同治理研究[M].上海:复旦大学出版社,2017.

[20] 金太军,张振波.乡村社区治理路径研究:基于苏南苏中苏北的比较分析[M].北京:北京大学出版社,2016.

[21] 赖海榕.乡村治理的国际比较[M].吉林:吉林人民出版社,2006.

[22] 雷家宏.中国古代的乡里生活[M].北京:商务印书馆,2017.

[23] 雷伟红.畲族习惯法研究——以新农村建设为视野[M].杭州:浙江大学出版社,2016.

[24] 李道湘,于铭松.中华文化与民族凝聚力[M].北京:中央编译出版社,2007.

[25] 李国青,续慧杰,张雷,等.中国农村社区治理报告(2018)[M].北京:中国社会出版社,2018.

[26] 李红波.转型期乡村聚落空间重构研究:以苏南地区为例[M].南京:南京师范大学出版社,2016.

[27] 李林,李西霞,丽狄娅·R.芭斯塔·弗莱纳.少数人的权利[M].北京:社会科学文献出版社,2010.

[28] 李勇华.农村社区治理研究[M].北京:人民出版社,2018.

[29] 李增元.新型城镇化背景下的农村社区治理[M].北京:社会科学文献出版社,2017.

[30] 李智超.乡村社会认同与公共事务治理[M].北京:中国社会科学出版社,2015.

[31] 刘豪兴.农村社会学[M].北京:中国人民大学出版社,2015.

[32] 刘义强.资本下乡:城镇化进程中的乡村治理[M].北京:世界图书出版公司,2016.

[33] 刘祖云,等.江苏农村发展报告2018[M].北京:中国农

业出版社,2019.

[34] 卢福营. 当代浙江乡村治理研究[M]. 北京:科学出版社,2009.

[35] 鲁可荣. 农村社会组织与农村基层社会治理创新:基于浙江实践的研究[M]. 济南:山东人民出版社,2015.

[36] 陆益龙. 后乡土中国[M]. 北京:商务印书馆出版社,2017.

[37] 马德富. 乡村旅游与后乡村治理[M]. 武汉:湖北人民出版社,2018.

[38] 马俊毅. 多民族国家民族事务治理现代化[M]. 北京:社会科学文献出版社,2017.

[39] 民政部编写组.《中共中央 国务院关于加强和完善城乡社区治理的意见》辅导读本[M]. 北京:人民出版社,2017.

[40] 宁夏大学回族研究院. 中国回族学:第6卷[M]. 北京:社会科学文献出版社,2018.

[41] 祁勇,赵德兴. 中国乡村治理模式研究[M]. 济南:山东人民出版社,2014.

[42] 邱云美. 旅游发展与畲族村落传统文化变迁及保护研究[M]. 北京:中国社会科学出版社,2019.

[43] 任中平. 基层民主与乡村治理[M]. 北京:人民出版社,2017.

[44] 施丛美. 文件政治与乡村治理[M]. 广州:广东人民出版社,2014.

[45] 孙振玉. 伊斯兰教与构建和谐回族社会[M]. 北京:中央编译出版社,2012.

[46] 田琨. 乡村振兴战略:乡风文明与治理有效篇[M]. 北京:中国农业出版社,2019.

[47] 王洪树,等. 农村社区协商治理机制建设研究[M]. 北京:人民出版社,2018.

[48] 王建娥,陈建樾,等. 族际政治与现代民族国家[M]. 北

京：社会科学文献出版社，2004.

［49］王建娥. 包容与凝聚：多民族国家和谐稳定的制度机制［M］. 北京：中国社会科学出版社，2018.

［50］王建娥. 族际政治：20 世纪的理论与实践［M］. 北京：社会科学文献出版社，2011.

［51］王敬尧. 参与式治理：中国社区建设实证研究［M］. 北京：中国社会科学出版社，2006.

［52］王浦劬，臧雷振. 治理理论与实践：经典议题研究新解［M］. 北京：中央编译出版社，2017.

［53］王逍. 走向市场：一个浙南畲族村落的经济变迁图像［M］. 北京：中国社会科学出版社，2010.

［54］王逍. 超越大山：浙南培头村钟姓畲族社会经济文化变迁［M］. 北京：中国社会科学出版社，2015.

［55］王振海，等. 新型农村社区治理研究［M］. 北京：人民出版社，2018.

［56］魏后凯，闫坤. 中国农村发展报告（2018）：新时代乡村全面振兴之路［M］. 北京：中国社会科学出版社，2018.

［57］乡村振兴战略规划：2018—2022［M］. 北京：人民出版社，2018.

［58］项继权. 集体经济背景下的乡村治理［M］. 武汉：华中师范大学出版社，2002.

［59］项继权等. 中国农村社区建设研究［M］. 北京：经济科学出版社，2016.

［60］肖如平. 民国时期的保甲与乡村社会治理［M］. 北京：社会科学文献出版社，2017.

［61］肖唐镖. 当代中国农村宗族与乡村治理：跨学科的研究与对话［M］. 北京：中国社会科学出版社，2008.

［62］谢治菊. 西部民族地区乡村治理的逻辑与实践［M］. 北京：社会科学文献出版社，2014.

［63］徐杰舜. 从多元走向一体：中华民族论［M］. 南宁：广西

民族大学出版社,2008.

[64] 徐勇.乡村治理的中国根基与变迁[M].北京:中国社会科学出版社,2018.

[65] 徐勇.中国农村村民自治(增订本)[M].北京:生活·读书·新知三联书店出版社,2018.

[66] 杨国斌.城乡社区治理中实施参与式预算对策研究[M].北京:中国农业科学技术出版社,2015.

[67] 杨菊平.非正式制度与乡村治理研究[M].上海:上海交通大学出版社,2016.

[68] 尤琳.中国乡村关系:基层治理结构与治理能力研究[M].北京:中国社会科学出版社,2015.

[69] 余逊达,赵勇茂.参与式地方治理研究[M].杭州:浙江大学出版社,2009.

[70] 俞可平.论国家治理现代化(修订版)[M].北京:社会科学文献出版社,2015.

[71] 俞可平.走向善治:国家治理现代化的中国方案[M].北京:中国文史出版社,2016.

[72] 俞可平.中国的治理变迁(1978—2018)[M].北京:社会科学文献出版社,2018.

[73] 张琳,马俊毅.构筑中华民族共有精神家园的理论和实践研究[M].北京:民族出版社,2018.

[74] 张晓山.马克思、恩格斯、列宁、斯大林论农业、农村、农民[M].北京:中国社会科学出版社,2013.

[75] 张胥.马克思恩格斯民族理论及其当代价值[M].北京:人民出版社,2014.

[76] 赵光勇.政府改革:制度创新与参与式治理:地方政府治道变革的杭州经验研究[M].杭州:浙江大学出版社,2013.

[77] 郑永年.中国模式:经验与困局[M].杭州:浙江人民出版社,2010.

[78] 周大鸣.多元与共融:族群研究的理论与实践[M].

北京:商务印书馆,2011.

[79] 周光大. 现代民族学:全四册[M]. 昆明:云南人民出版社,2009.

[80] 周平. 民族政治学[M]. 2 版. 北京:高等教育出版社,2007.

[81] 周庆智. 乡村治理·制度建设与社会变迁:基于西部 H 市的实证研究[M]. 北京:中国社会科学出版社,2016.

[82] 周挺. 乡村治理与农村基层党组织建设[M]. 北京:知识产权出版社 2013.

中文译著类

[1] 斐迪南·滕尼斯. 共同体与社会:纯粹社会学的基本概念[M]. 林荣远,译. 北京:北京大学出版社,2010.

[2] 贝淡宁. 超越自由民主[M]. 李万全,译. 上海:生活·读书·新知三联书店,2009.

[3] 本尼迪克特·安德森. 想象的共同体:民族主义的起源与散布[M]. 吴叡人,译. 上海:上海人民出版社,2016.

[4] 克利福德·格尔茨. 文化的解释[M]. 韩莉,译. 北京:译林出版社,2014.

[5] 克利福德·吉尔兹. 地方性知识:阐释人类学论文集[M]. 王海龙,张家瑄,译. 北京:中央编译出版社,2004.

[6] 罗伯特·达尔. 多元主义民主的困境:自治与控制[M]. 周军华,译. 吉林:吉林人民出版社,2006.

[7] 塞缪尔·P. 亨廷顿. 变化社会中的政治秩序[M]. 王冠华,刘为,等译. 上海:上海人民出版社,2017.

[8] 塞缪尔·亨廷顿,劳伦斯·哈里森. 文化的重要作用:价值观如何影响人类进步[M]. 程克雄,译. 北京:新华出版社,2018.

[9] 威廉·A. 哈维兰. 文化人类学[M]. 瞿铁鹏,张钰,译. 上海:上海社会科学出版社,2006.

[10] 安东尼·史密斯. 民族主义:理论、意识形态、历史[M].

叶江,译.上海:上海世纪出版集团,2006.

[11] 昆廷·斯金纳,博·斯特拉思.国家与公民:历史·理论·展望[M].彭利平,译.上海:华东师范大学出版社,2005.

[12] 齐格蒙特·鲍曼.共同体[M].欧阳景根,译.南京:江苏人民出版社,2007.

[13] 特德·C.卢埃林.政治人类学导论[M].朱伦,译.北京:中央民族大学出版社,2009.

学位论文类

[1] 曹继美.苏北农村社区治理研究[D].福州:福建农林大学,2013.

[2] 曹娟.贵州民族地区农村社区治理研究[D].贵阳:贵州民族学院,2010.

[3] 窦瑞琳.少数民族传统社会组织与乡村治理[D].兰州:兰州大学,2009.

[4] 付支茂.新农村视野下村落宗教与乡村发展研究[D].桂林:广西师范大学,2007.

[5] 高文静.农村社区治理中的多元主体协同共治研究[D].合肥:安徽大学,2017.

[6] 韩倩倩.参与式治理理论视角下的苏南农村环境治理模式研究[D].南京:南京农业大学,2014.

[7] 何乃柱.民族社区社会工作研究:本土实践与理论建构[D].兰州:兰州大学,2013.

[8] 胡建国.少数民族农村社区文化治理研究[D].昆明:云南财经大学,2016.

[9] 胡晋荣.社会资本与社区参与式治理研究[D].成都:西南财经大学,2013.

[10] 孔德斌.农村社区治理:从硬治理向软治理的转变[D].南京:南京农业大学,2014.

[11] 李静.江苏农村社区治理的困境与对策研究[D].南京:

南京工业大学,2016.

[12] 李琤.我国农村居民参与式治理研究[D].青岛:青岛大学,2017.

[13] 刘洁.民族地区旅游开发中的社区参与研究[D].兰州:西北民族大学,2009.

[14] 刘露瑶.网络互动型参与式治理研究[D].南京:南京大学,2015.

[15] 刘甜甜.我国新农村社区治理中公民参与问题研究[D].南京:东南大学,2017.

[16] 倪春鹏.农民工参与式治理研究[D].大连:辽宁师范大学,2013.

[17] 史璇.新型农村社区治理中的居民参与实证研究[D].昆明:云南师范大学,2017.

[18] 孙凯民.中国民族共同体认同建设研究[D].呼和浩特:内蒙古大学,2017.

[19] 谈娟.拆迁对回族聚居区的影响[D].北京:中央民族大学,2010.

[20] 唐静.农村社区治理中的村民冷漠的原因及对策研究[D].长沙:中南大学,2009.

[21] 唐鹏俊.基于善治取向的我国农村社区治理主体困境与创新研究[D].武汉:华中师范大学,2016.

[22] 王宗婧.参与式治理视域下农村权力治理研究[D].济南:山东大学,2015.

[23] 文琪.协同共治:农村社区治理主体的动力研究[D].南充:西华师范大学,2016.

[24] 吴旻.少数民族农村地区的政治参与探究:以浙江省龙游县沐尘畲族乡为例[D].镇江:江苏大学,2018.

[25] 杨文学.村落仪式与社区整合[D].兰州:西北民族大学,2015.

[26] 张雪晴.少数民族乡村参与式治理研究:以浙江省景宁

畲族乡大均乡李宝村为例[D].镇江:江苏大学,2018.

[27] 赵丽萍.治理与善治视野下的农村社区治理困境与路径研究[D].贵阳:贵州民族大学,2017.

[28] 朱奕霖.长三角南翼畲族经济发展研究[D].北京:中央民族大学,2007.

期刊论文类

[1] 白友涛.南京回族散居化的挑战与应对[J].中南民族大学学报(人文社会科学版),2015(2):8-11.

[2] 常士訚.和谐理念与族际政治整合[J].政治学研究,2009(4):100-108.

[3] 常士訚."两个共同"与当代中国多民族国家政治整合[J].民族研究,2014(2):1-13,123.

[4] 陈建樾.多元一体:多民族国家内部的族际整合与合法性[J].中央民族大学学报,2003(5):11-16.

[5] 陈剩勇,赵光勇."参与式治理"研究述评[J].教学与研究,2009(8):75-82.

[6] 方清云.民族文化重构方式与文化本真性保持:以景宁畲族自治县的畲族文化重构为例[J].西南民族大学学报(人文社会科学版),2013(2):62-66.

[7] 方清云.民族精英与群体认同:当代畲族文化重构中民族精英角色的人类学考察[J].中南民族大学学报(人文社会科学版),2013(6):68-72.

[8] 郭夏娟,秦晓敏."三治一体"中的道德治理:作为道德协商主体的乡贤参事会[J].浙江社会科学,2018(12):16-25,155.

[9] 贺雪峰.乡村治理研究的三大主题[J].社会科学战线,2005(1):219-224.

[10] 贾西津.社区参与式治理的理念和原则[J].中国民政,2015(3):25-26.

[11] 蒋庆荣.参与式治理:地方政府公共决策的机制创新

[J]. 广东行政学院学报,2018(4):41-44.

[12] 李波,于水. 参与式治理:一种新的治理模式[J]. 理论与改革,2016(6):69-74.

[13] 李晓霞. 论我国民族文化政策的“求同”与“存异”[J]. 新疆大学学报(社会科学版),2003(1):63-68.

[14] 麻国庆. 记忆的多层性与中华民族共同体认同[J]. 民族研究,2017(6):47-57,124-125.

[15] 欧阳静. 乡村振兴背景下的“三治”融合治理体系[J]. 天津行政学院学报,2018(6):68-73.

[16] 秦红增,曹晗. 新文化空间的建构与前瞻:从耕读传家到文化新习[J]. 广西民族大学学报(哲学社会科学版),2016(6):8-15.

[17] 邱云美. 旅游经济影响下传统民族节庆变迁研究:以浙江景宁畲族“三月三”为例[J]. 黑龙江民族丛刊,2014(5):90-94.

[18] 孙秋云,魏巍,马媛. 论景观社区建设中国家力量的介入及其文化规训:基于对贵州少数民族乡村旅游社区实地调查的阐释[J]. 华中科技大学学报(社会科学版),2017(4):127-135.

[19] 唐鸣,赵鲲鹏,刘志鹏. 中国古代乡村治理的基本模式及其历史变迁[J]. 江汉论坛,2011(3):68-72.

[20] 唐有财,王天夫. 社区认同、骨干动员与组织赋权:社区参与式治理的实现路径[J]. 中国行政管理,2017(2):73-78.

[21] 王华. 空间,记忆与“他者”:苏南回民村族群认同的建构[J]. 西北民族研究,2016(2):94-100.

[22] 王建娥. 特殊的机制 普遍的权利:少数民族权利保护正当性辨析[J]. 西北师大学报(社会科学版),2015(4):5-13.

[23] 王逍. 景宁畲族乡村发展路径与实践[J]. 广西民族大学学报(哲学社会科学版),2018(1):42-50.

[24] 项继权,王明为. 农村社区建设:发展态势与阶段特征[J]. 青海社会科学,2015(2):1-8.

[25] 徐声响. 农村文化礼堂建设的瓶颈及其突破:基于苍南

县农村文化礼堂建设实践的调查与研究[J].党政视野,2015(2):28-32.

[26] 杨圣敏.社会稳定和谐的基础是什么?:一个少数民族社区的案例[J].北京大学学报(哲学社会科学版),2008(5):46-51.

[27] 杨小柳.地方性知识和发展研究[J].学术研究,2009(5):64-69,159.

[28] 张慧卿,刘醒.农民组织化的现实困境、成因及其改善路径:兼评亨廷顿农民组织化思想[J].农业经济,2016(3):83-85.

[29] 周大鸣.习近平民族工作重要思想研究[J].广西民族大学学报(哲学社会科学版),2018(5):109-116.

[30] 周庆智.论中国社区治理:从威权式治理到参与式治理的转型[J].学习与探索,2016(6):38-47,159.

[31] 庄晓惠,杨胜平.参与式治理的发生逻辑、功能价值与机制构建[J].吉首大学学报(社会科学版),2015(5):76-81.